一緒にいると楽しい人、疲れる人

讓對方覺得超溫暖的相處練習

比起聊不停的社交高手，
不如讓人相處自在更受人喜愛

有川真由美——著
涂紋凰——譯

CONTENTS

第二章

招來「好人緣」的心理與行為習慣

第三章

什麼樣的人「難相處」？

第四章

成為「放得下的人」心理與行為的習慣

第五章

「充滿魅力的人」有其原由

第六章

成為「懂得讚美的人」

第七章

「難相處的人」的應對方法

前言

有一種人相處起來總是讓人覺得心情平穩、開朗，自然而然想一直聊下去……。

「好相處的人」處世輕鬆愉快，而且還能不著痕跡地關心他人。無論是對自己還是他人都溫柔體貼。

為什麼和那個人相處覺得很開心？

為什麼和那個人相處過後還想再見面？

為什麼和那個人聊過天就想和他當朋友？

在本書中我將介紹關於好相處的人，他們的說話方式、行為習慣、思考方式等精華。你只要嘗試養成本書提到的習慣，自然而然就能成為別人眼中好相處的人，更重要的是，從此之後得以在放鬆的狀態下和他人交朋友。

成為好相處的人不需要勉強，只要找回活力充沛、心中有愛的自己即可。也就是說，不需要在內心塞滿多餘的不安與恐懼。因此，任何人都有可能成為好相處的人。

可惜的是這個世界上有人很好相處，但也有人光是待在身邊就讓人心累。甚至還有在本人毫無自覺的狀態下，就讓人精疲力盡的類型。為什麼這種人這麼難相處呢？

本書也會介紹避免讓人覺得難相處的訣竅，以及如何面對難相處的人。閱讀本書時，可以一邊對照自己和周遭的人物。

成為一個好相處的人不僅會大幅減輕人際關係的壓力，也會感受到有很多人支持自己。別人對你抱持好感，一切都會變得輕鬆順利。最重要的是，能夠和他人一起共享人生的喜悅與樂趣。讓周遭的人為自己的幸福慶賀，也祝福他人獲得幸福……如果能建立起這樣的人際關係，人生就會加倍豐富。

在這個人人能夠自主選擇交友對象的時代，好相處或難相處的人，生活的豐富程度將會截然不同。你難道不想成為好相處的人，過著期待每一天、讚頌美好人生的日子嗎？

話說回來，在好相處的人之中顯得特別開朗、最讓人抱持好感的，就是能一直聊下去的人。無論在什麼場合，有個面帶微笑、相談甚歡的人，場面不只會變得輕鬆愉快，也會莫名讓人感到安心。

接下來，就從第一章成為聊天高手的祕訣開始吧！

第一章

成為「聊天高手」

01 善於「讓對方打開話匣子」比善於「傾聽」更好

讓別人覺得「和你聊天真開心」

和年輕人聊天時，你是否會不知不覺開始說教？譬如說些「這樣做比較好」、「工作就是這麼回事」之類多管閒事的話，等到回過神來，才發現對方已經出神，根本沒有在聽……這樣很沒意思對吧！

這時最常見的狀況就是擔心「只顧著自己說話，是不是不太好」，於是連珠炮似地問對方「有男朋友嗎」、「工作開心嗎」。被問到這些問題的時候，對方大多會回答：「啊，有啊……」，但態度多少都會顯得退怯。

人們往往認為，想成為聊天高手就一定要聊有趣的話題、不能沉默太久，不過其實並不需要這樣。

人在談論自己時心情最舒坦，對方如果對自己的事情有興趣、給予良好回應，那話題就能擴展一直聊下去。這時雙方都會覺得「和這個人聊天真開心」。

善於「讓對方打開話匣子」比善於「傾聽」更重要。為了讓對方打開話匣子，一直持續聊下去，請注意以下三點：

1. 用「情緒」回應對方

如果對方的反應很冷淡，那對話就無法持續下去。比起用語言回應，使用「好有趣」、「嚇了一跳」、「好快樂」、「真開心」等情緒上的反饋，更能成為炒熱對話氣氛的間奏。請用略為誇張的表情和詞彙表達情緒吧！

2. 馬上把話題轉到對方身上

就算是聊自己的事情，只要用心把話題轉到對方身上，就能一直聊下去。愉快的對話就像傳接球，訣竅在於不能自己控球太久，要盡快把球丟給對方。建議可用「如果是〇〇先生會怎麼做」、「〇〇先生覺得如何」、「〇〇先生有過這樣的經驗嗎」等句子回應。

3. 找出讓對方「聊得開心的話題」

每個人都想聊自己喜歡、擅長、有興趣的事或豐功偉業。雖然大家對這些主題都能侃侃而談，卻很難自己開口說。既然如此，那就若無其事地把球丟給對方吧！

02 找到「讓對方感到開心的話題」

有方法可以順利找出對方想聊的話題

日本的知名主持人塔摩利，常常讓我覺得他真是個帶話題的天才。無論他上哪個節目或和名人對談，那看似緩慢的說話步調，其實是在提問中找話題開啟對方身上的聊天開關。

對初次見面的人，他會利用「身高還真高啊！有從事什麼運動嗎」等外觀上的特徵破冰，如果是見過幾次面的人則會用聊天的方式，例如「休假時都在做什麼？喔，泡溫泉啊？會去哪裡的溫泉呢」，直率地展開話題。

讓對方暢所欲言的重點之一，就是找到「讓對方感到開心的話題」。方法有以下兩種：

1. 一邊提問一邊找出讓對方開啟聊天開關的話題

此時提問要具有明確目的，也就是找出對方心裡的「話題抽屜」。如果大概了解對方的喜好和專長，將話題集中在這個部分，對方的回應就會變得更積極，能聊的事情就會更多。譬如「聽說您喜歡出國旅行，哪個國家讓您最印象深刻呢？」從對方的外在獲得資訊後，再拋出工作、家庭、經歷、熱衷的事情等，對方可能會開心分享的話題，也是不錯的方法。

2. 接著繼續提問以擴展話題

知道對方內心有哪些想聊的話題後，下一步就是透過提問了解「有趣之處何在」。假設是和從事創作的人聊天，可以像玩聯想遊戲一樣詢問「什麼時候會有靈感」、「當初為什麼會開始創作」、「哇，原來小時候就已經出現創作的轉捩點。那您小時候是什麼樣的孩子呢」。如此一來，話題就會持續展開。

避免問一些只能回答「是或不是」的是非題，或是「覺得……如何」等讓對方難以回答的申論題，用5W1H（何時、何地、何人、何事、如何做）提問，對方容易回答，對話也比較容易繼續下去。

「當初為什麼會這麼做？」這是最能接近對方本質的魔法問題。只要讓對方認為「和這個人說話能夠展現自己，既舒暢又開心」，就表示你成功達到目的了。

03

聊自己的事情時，把話題連結到對方身上

對話傳接球的訣竅

讓對方和自己聊得輕鬆愉快，並不代表自己要盡量少發言。如果都是對方一直講，不但自己會累，對方的話題也會越來越少。雙方都有參與，才能聊得愉快、聊得起勁。

然而，我們往往很難用想聊的話題主導對話進行。即便聊起「我擅長……」、「我很喜歡……」等話題，對方也不見得有興趣。因此，重點在於「聊自己的事情時，把話題連結到對方身上」的技巧。前文提到的塔摩利先生，就很擅長運用這項技巧。

如果知道對方喜歡溫泉，就可以聊「我知道一個很棒的溫泉喔」、「我喜歡泡完溫泉之後喝咖啡牛奶」、「說到溫泉，我以前啊……」，從「溫泉」這個關鍵字去連結，說出自己知道的訊息。這時對方通常會回應「哇，好厲害喔」之類的話，表現出很有興趣的樣子。

當對方在思考要說的話時，保持沉默靜靜等待；當對方很省話的時候，自己積極搭話。

塔摩利先生既周到又高明地處理應對進退，而對方可能沒有想這麼多。對話就像傳接球，絕對不能隨便出手，要配合對方的步調投球或控球。

聊自己的事情時，偶爾也要拋出「我是這麼想，那你覺得呢」、「你有這種經驗嗎」等問題，別忘了給對方說話的機會。

前幾天有機會和朋友的兒子（二十幾歲的學生）喝茶，我試著從喜歡的電視節目、大學生活、興趣等方向找話題，但一直聊不太起來。我們有一搭沒一搭的聊著，結果某個瞬間他說：「我其實對做生意有興趣，現在超想賺錢的。」

哇，這還真有趣。於是我用「你對什麼生意有興趣」作為開頭，根據他的回答，我接著問：「啊，如果是這樣的話，我有個朋友是開這種公司的，他當初用某個方法成功……」聊到這裡他整個探出身子認真聽，那天晚上我們在星巴克不知不覺就聊了三個小時。

每個人內心的抽屜裡，一定都隱藏著想聊的話題。

04

對話的基礎就是要喜歡對方

展現「我想和你交朋友」的方法

雖然能不能聊得起勁和擅不擅長聊天也有關係，但最重要的基礎是要喜歡對方。只要把「我喜歡這個人」、「這個人感覺很不錯」的心情傳達給對方，自然而然就能聊得起勁，大致上來說人際關係也會一帆風順。

反之，如果覺得對方討厭、難應付，接下來就不可能聊得開心、盡興。當然，人際關係也不可能順利。

只不過，光是喜歡卻不懂得表現的人很吃虧。當對方把話題丟過來，卻得到冷淡的回應，就會讓人覺得「是不是不想聊」、「聊得不愉快嗎」。

其實表現自己的心情並不難。只要在傳達「我想和你聊天」、「我想和你交朋友」的心情時，注意以下三點：

1. 不斷稱呼對方的名字

光是用姓名稱呼，就會讓人覺得對方很重視自己。初次見面的人也一樣，得知姓名後，就可以在「〇〇先生覺得如何」、「〇〇先生的聲音很好聽呢」等對話中，大量使用對方的姓名（這麼做也有助於記住對方的姓名）。姓名對人來說是很重要的詞彙，如果對方用姓名稱呼自己，當然會產生好感和親近感。

2. 用開心的笑容說話

自己要先笑，才能讓對方展露笑容。對話時保持微笑能和緩氣氛，對方也容易開口，自然就能聊得開心。反之，對方若是面無表情或毫無反應，只會越聊越累。不需要勉強擠出親切的笑容，只要微笑即可，相信任何人都能做到。

3. 適時用感嘆與共鳴給予回應

就算不擅長聊天，使用「哇」、「喔」、「咦」等感嘆詞，再加上「我也這麼覺得」、「對啊」、「我懂」等有共鳴的回應，就能讓對方開心聊下去。充滿感嘆與共鳴的回應方式，最能讓對方想繼續聊下去。

實際執行上述技巧，你一定會更加喜歡對方。這些技巧不只能使你喜歡對方，也具有讓自己心情愉快的效果。

05

對話最好從一些不痛不癢的小事開始

和不熟的人聊天時的起頭方法

會聊天的人開啟話題的方式，通常都很高明。不過，應該有很多人不知道該怎麼向初次見面或不熟的人搭話。

完全不知道對方喜歡什麼、對什麼有興趣、從事什麼工作。在沒有相關資訊的狀況下，突然問對方「您有什麼嗜好」、「您從事什麼工作」，總感覺很失禮。

另外，應該也有人在聚餐或搭乘交通工具移動時，面對上司或同事覺得「不知道該聊什麼」。聊工作太沉重，聊私人話題又令人卻步……想必大家都有這些顧慮。

其實不需要想得那麼困難，這時不需要聊什麼正經、有內容的事情。話題最好從大家都會聊，不痛不癢的小事開始。最簡單的就是聊天氣或季節。重點在於要不經意地加入自己的話題或丟問題給對方。

先拋出「今天好冷喔，我在南部長大很怕冷」的話題，對方可能就會回應：「我也很怕冷，所以都會做好保暖措施。」或反問：「你在南部長大，是哪裡人啊？」

「我來的時候看到櫻花開了，這個時間很少見呢！」這樣一說，或許對方就會回答：「哇，真的很罕見。說到櫻花……」從這裡擴展話題。對方其實也想找話題開頭，如果像平常聊天一樣輕鬆地拋出主題，對方一定在心裡鬆了一口氣並且很樂意接話。

試著對「眼前所見的東西」表達感想，也不失為一個好方法。比方說，「這個會場好棒喔。料理也好吃，感覺可以來這裡吃午餐」、「妳好適合穿藍色的洋裝。其實我也很喜歡穿洋裝喔」。

或是利用自己的所見、所聞、所感，例如「今天早上看新聞得知的事情」、「在電車上看到的畫面」、「當下的氛圍感受」等等，只要坦率地說出來，對方就會更想了解你。對話從小小的勇氣和表達自我開始，只要能傳達出「我想和你聊天」的心情就足夠了。

06

幽默的人周遭氛圍總是令人放鬆

只要稍微用心一點，就能擁有幽默感

無論是同事、家人、朋友還是戀人，最讓人感到開心的事情都和「搞笑」有關。搞笑不見得要講讓人大笑的笑話或冷笑話，而是讓人覺得今天過得真愉快的幽默感。

幽默的人擁有讓人覺得「這個人非常享受人生」的魅力，給人游刃有餘、頭腦聰明的印象。一般認為幽默感是與生俱來的才能，但我認為這是一種思考的習慣。就像大阪人常會在話題最後加上有趣的「笑料」，是因為大家都這麼做，才養成經常思考笑料的習慣。

所謂幽默感，就是「用心呈現」有趣的感覺。若想磨練幽默感，平常就要試著用有趣的方式說話。即使搞笑有自虐、模仿、拐彎抹角等需要高超技巧的類型，但我們不需要追求高水準的境界。掌握以下三個重點，就能在不勉強的狀態下，透過改變說話方式擁有幽默感。

1. 誇大（和原本的程度比起來差很遠的說法）

比較老派的例子，像是被問到「入會費是多少錢」，就回答「三千五百萬」；發生值得感謝的小事時，刻意說「這輩子都會記得你的大恩大德」；只要稍微努力就能做到的事情，卻說「我會使出渾身解數」；有事要外出時，說「我遇到進退維谷的嚴重問題」。只要用稍微誇大的說法，就能緩和當下的氣氛。

2. 轉換（說一些稍微離題的話）

約在老地方見面時，就說「那我們在聖地牙哥的咖啡廳見」；被問到有沒有男朋友，就說「好，給我來一個」。最讓我感動的是，以前家人得憂鬱症時，我曾經悲嘆「好想去死」，當時主治醫師溫柔地對我說「不用擔心，人早晚都會死」。所謂的幽默感其實就是轉換觀點，有時也是一種救贖。

3. 譬喻（用其他東西譬喻）

用「好像奶奶家的暖桌」表達舒適；幫同事按摩時感嘆「肩膀好硬，我還以為是石頭」；加班加到快沒力時可以說「阿忠，我好累」（動畫《龍龍與忠狗》裡的梗），只要養成在心有所感時聯想的習慣即可。

所謂的幽默感就是讓腦袋更靈活，從其他角度看事情，同時增加詞彙的豐富程度。

07

所謂幽默感就是「擁有他人沒有的觀點」以及「服務精神」

用情緒表達讓事物變得更有趣

幽默的人不只擁有優越的語言表現能力，也擁有容易發現趣事的特質。

譬如走在街上會發現別人沒注意到的事情，例如「你不覺得那塊招牌很有趣嗎」；看時尚雜誌特輯的著眼點總是異於常人，覺得「這雙涼鞋的外觀，好像漂亮的女用內褲」；在公司會發現「一過兩點就想睡，到了五點又突然精神飽滿」、「上司只有收到出差伴手禮的那天會對我特別好」之類的神秘法則。總是很快就發現這種有趣小事的人，相處起來自然心情愉悅。

這種才能並非與生俱來，一定是平常就有注意趣事的習慣。然而，即使刻意想找有趣的事情，也不見得會有所發現。相較之下，從有別於他人的觀點看待日常，發現奇怪或滑稽之處，趁印象鮮明時分享給別人，養成這樣的習慣更加重要。

因此，徹底磨練幽默感的人，一天之中會發現很多趣事。不需要刻意努力，只要將日常生活中的小事，改以「這是怎麼回事」、「為什麼會這樣」、「反過來說……」等愉快的觀點看待，應該就會比較容易發現有趣的事情了。

另外，幽默的人在表達時都具有服務精神。例如受歡迎的搞笑藝人總是能把無聊話題變成有趣笑料，這是因為他們會思考「怎麼表達，對方才會覺得好笑」，懂得站在對方的立場說話。

比方說「遇到一位有趣的老人」這件事，只是平鋪直述就會顯得很無聊。然而，若是能從「衝擊性」、「有趣的點」、「周遭的反應」等面向思考，並加入自己的情緒表達，那這件事情就可能被你說得比真實狀況更有趣。

目標不是「讓別人笑出來」，而是「讓對方覺得開心」，這種服務精神自然而然能讓對方和自己聊得愉快。

關鍵不在笑話好不好笑，而是能使自己好好享受每一天的心情。

08

愉快的談話在見面前就已經開始

從日常生活中，養成仔細觀察對方的習慣

「妳剪頭髮啦？」大多數的女性被這樣問，通常都會感到開心吧？

「看得出來嗎？最近發生很多事，所以想轉換心情。其實……」有時候即使你沒問，對方也會自己全盤托出。能發現對方的小變化或特徵的人，都很懂得討人歡心，也很會帶話題。因為從這些小地方切入，通常都會很好聊。

然而，還是有人認為很難注意到對方的變化，差別應該在於平常有沒有觀察對方的習慣。能說出「妳剪頭髮啦」的人，在見到對方、兩人面對面的時候，一定習慣仔細觀察對方。因此能談論從對方身上的氛圍、服裝、飾品、小配件、習慣、表情等注意到的小事。而且不忘讚美，像是「背包好漂亮！很適合妳耶」、「妳還是那麼有精神」。

另外想要聊得開心，事前收集資訊和觀察一樣重要。我過去擔任寫手的時候經常要採

訪，第一次見面能不能聊得開，端看準備是否充足。要是沒做好事前準備，採訪內容就容易流於膚淺。

即便不是採訪，提前知道見面的對象或者要拜訪的公司時，就必須做好某種程度的資訊收集。除了「有什麼經歷」、「從事什麼工作」、「有什麼嗜好」等本人的資訊外，也要收集任職公司、從事的活動、出身地等相關資訊，了解對方的個人特質，就能輕鬆聊開來。

難得有機會見面，不太了解對方其實很失禮。現代可以透過社群媒體、部落格、網路搜尋等方式獲得許多資訊，甚至書籍和舊雜誌的報導、別人提供的訊息也很寶貴。

之前我有機會和某位熟齡的女攝影師見面，面談安排在三天後。這段期間我遍讀她的著作、相關雜誌，同年齡層的編輯也告訴我這位攝影師當時的近況。因為她住在紐約，我們大概沒機會再見第二次面，所以我想要盡量讓訪談內容更紮實一點。結果，我們在各種話題上都聊得很盡興，後來也會用電子郵件往來。

只要聊得來，緣分就會持續下去。若想擁有好緣分，透過觀察和收集資訊了解對方，是非常重要的關鍵。

09

擁有很多對話題材的人一定會很愉快

從話題豐富的人身上學習好習慣

某位八十幾歲的作家，和每個年齡層的人都能聊得來。無論是二十幾歲還是八十幾歲的人，只要和他聊天都會露出「啊，真開心」的表情。

其原因在於話題的寬廣度。他和所有人抱持同樣的眼光，積極加入各種話題。經常會有人感到驚訝：「為什麼他連這種事情都知道？」

無論文學、傳統、宗教、娛樂等領域，從各種角度投來的球，這位作家都能愉快地回應。雖然他對體育興趣缺缺，但不知道為什麼很了解運動選手的哲學和人際關係，還能提供稀有的資訊。

話題豐富的人，其中一個特徵就是好奇心非常旺盛，擁有收集各種資訊的習慣，而且還收集得很開心。這種習慣累積數十年，資訊量當然會變得非常龐大。另一方面，話題貧乏、很難聊的人，往往會馬上避開自己沒有興趣的事情。這些人可能是害怕陌生的資訊，但這樣很難讓人覺得有趣。觀察話題豐富的人，就會發現他們有以下習慣：

1. 從有別於他人的角度收集稀有的資訊

聊天高手最喜歡「大家都不知道的資訊」，而不是「大家都知道的事情」。因為這樣就能提供讓人開心的話題，所以他們總是張開天線蒐羅不為人知的健康知識、小雜學、優惠資訊等稀有的情報。

2. 雖然不深入但廣泛收集某些資訊

話題豐富的人一遇到不知道的事情，會馬上查詢或問人。比起勉強閱讀報紙或書籍，他們更喜歡在搭電車時觀察旁人、剪頭髮時和理髮師聊天、買東西順便到書局翻翻書，藉此獲得資訊，自然而然地拓展自己的世界。

3. 從經驗中獲得的真實資訊最為寶貴

無論再怎麼努力收集資訊，都比不上珍貴的真實體驗。戀愛、旅行、工作、人際關係等經驗豐富的人，話題自然也很豐富。有想做的事就去嘗試、去挑戰，這就是讓人想和你聊天的王道。話題豐富的人總是能提供嶄新的訊息，聊起來當然開心！

10 避免在派對上成為壁花的守則

訂好守則之後就要毫不猶豫地執行

異業交流會、同業聚會、相親派對、活動中的餐會等，像這樣聚集很多人的派對，能夠見到平常見不到的人，也有機會和不熟的人聊天。然而，若是因「提不起勇氣搭話」而磨蹭拖延說話的時機，難得的機會就會在疲倦當中白白浪費。

主動積極創造聊天的契機，不但心情愉快，對方也會對自己抱持好感。沒有人去參加派對卻不想和任何人聊天，派對的規則就是可以向任何人搭話。只要開個頭，大多數情況下，對方都會立刻露出笑容給予回應。因此，事先訂好起頭的守則會較為輕鬆。無論對方是誰，都可以毫不猶豫地按照守則執行。三大守則如下：

1. 先向身邊的人、附近的人搭話

不需想得太困難，若無其事地搭話說「你好」即可。不要只和遠處的人或自己想認識的人聊天，先從身邊的人開始吧，而且向落單的人搭話也是一種派對禮儀。

2. 事先準備開頭的「第一句話」

事前多準備一些問題，例如「可以和您打個招呼嗎」、「您從哪裡來」、「方便和您換張名片嗎」、「今天怎麼會來參加活動呢」，或者「都是不認識的人，好緊張」、「今天好熱啊」、「好多人喔」等對方容易有共鳴的話開始，就能按照狀況從中選擇適合的句子向對方搭話。

3. 用自我表態結合問題讓對方開口

成功開頭之後，接著可以用輕巧的問題讓對方開口。「我叫做〇〇〇，可以請教您貴姓大名嗎」、「我是……那〇〇先生呢」、「我個人覺得是這樣，〇〇先生覺得呢」，像這樣用「自己的話題＋對方的話題」詢問對方，緊張感就會漸漸消失，對話也能持續下去。

小小的相遇也可能會發展成深厚的緣分，在派對上當壁花實在可惜，這時不需要積極努力，只要輕鬆地執行守則即可。

11

對話中斷時可以靠「T‧J‧X‧D‧S‧Q」重新開始

不經意地轉移話題的六大關鍵詞

當聊天不順利，氣氛開始變得尷尬時，人們總是希望自己可以若無其事地轉移話題，讓對話更豐富順暢。

在遇到冷場危機時，最有用的六大關鍵詞就是「T‧J‧X‧D‧S‧Q」（譯註：這裡用漢語拼音取代日文原文當作簡稱）。

「**T**」（**天氣、季節**）：明天開始會下雨；這個禮拜好像都會天氣不好呢。

「**J**」（**近況**）：上週我請假去了京都耶。

「**X**」（**新聞**）：據說好像要推出有圖案的車牌耶。

「**D**」（**地區‧周遭環境**）：車站前已經搭好漂亮的燈飾了。

「S」（身體・健康）：您總是活力充沛，是不是有什麼特別的養生方法？
「Q」（興趣・工作）：您最近是不是有在爬山啊？

可以按這個順序聊下去，再從中選擇感覺不錯的話題丟給對方，時間很快就會過去了。

在話題告一段落要重新開頭時，可以用「說到這個……」、「對了」、「是說……」這種突然想到什麼的感覺來連結，就能自然而然地重啟話題。

譬如「說到這個，之前我曾經碰到這種情況喔」，或者拋出「○○先生這種時候都會怎麼做呢」之類的問題，再從對方回覆中提到的關鍵字擴充話題，就像聯想遊戲一樣連接到新話題即可。

各種雜談話題之中最容易吸引聽眾的，就是「我曾經有過這種經驗」、「我親眼見過這種東西」等本人的實際體驗。因為這種話題最能真實而鮮明地表達，對方也會很有興趣，自然能聊得開。

養成積極關心某個領域的習慣，才能多多儲存聊天的話題，即便只是小事也無所謂。譬如搭計程車時試著和司機聊天；有新的店開幕，就去看看裡面賣什麼。如此一來，就可以自然而然收集到「那位計程車司機好有趣」、「一樓咖啡廳的焗烤飯超好吃」等忍不住想說的話題。請抱著讓對方享受對話的服務精神，炒熱聊天的氣氛吧。

12

在相似的人身上找出「異質性」，在相異的人身上找出「同質性」

同質性的安穩感和異質性的刺激感都很重要

若想聊得愉快，話題中需要帶入一些感動的成分。

雖然有趣的話題和互相提供有用的資訊也令人感動，但是對人的感動會讓對話更愉快，像是「原來這個人也有不為人知的一面」，或是「沒想到自己和這個人有共通點呢」。

為此，我的潛意識會習慣尋找「異質性」和「同質性」。在相似的人身上找出異質性；在相異的人身上找出同質性，彼此就能聊得愉快。

譬如在職場上的地位或成長環境相似，感覺和自己屬於同類型的人，如果有令人意外的興趣、有趣的經歷、厲害的特技，就可以抱著「哇，真的嗎」的感動與敬意看待對方。「其實我啊……」像這種意外的自爆話題也很令人期待，聊起來也開心。

找出異質性的祕訣，就是當你在對話中發現不同之處，馬上詢問「那是什麼意思」，平常養成習慣注意有趣的意外事件，就會發現很多意外的事實。

反之，在原本認為完全沒有交集、沒有共鳴的人身上，找出同質性也是一種快樂，例如「哇，原來我們是同鄉啊」、「我也很喜歡那部電影」、「我也在學中文」等。這時發現的共通點越罕見，就越令人感動，親近感也會油然而生，對話也會因為擁有共同話題而變得更加熱烈。

想找出同質性，必須先從「您是哪裡人」、「住哪裡」、「假日都怎麼度過」之類的問題輕巧地切入。世界上沒有零共通點的人，日本人、住東京、鄉下長大、已婚、未婚、上班族等大範圍的類別中，根據聊天的主題不同，很可能會出現非常有共鳴的話題，讓人連連回應「沒錯」，即便認為對方是和自己沒有交集的人也一樣。

人只要和相似的人相處就會覺得安心，如果在環境或價值觀上覺得和對方截然不同，往往會選擇保持距離。然而，有差異的人才能讓自己發現更多不同的事物。自己覺得理所當然的事，對方會讓你知道「不見得如此」，這樣的人非常寶貴。好相處的人應該要同時追求同質性的安穩感，還有異質性的刺激感。

13 「美食＋愉快的談話」是完美組合

愉快的對話就是最美味的佳餚

「日本人不認為用餐是重要的行為。」文化人類學家露絲．潘乃德在《菊與刀》一書中提到這句話。這句話代表什麼意思並沒有定論，從字面上看起來可以說對也可以說不對。

實際上，日本人從以前就對懷石料理、烤鰻魚等「做」料理的事很講究，對「享用」料理則是抱著「我要開動了」的感謝心情慎重地品嘗。最近還時興造訪美味的餐廳，滿懷熱情地追求美食。

不過，很遺憾的是「享受用餐時間」的文化尚不成熟。尤其是很多時候，用餐時間都不被當作重要的溝通場合。

大家應該都有「一起吃過飯就會更親近」的實際體驗。這在心理學上稱為「午餐技巧」（Luncheon Technique），可廣泛應用在商務場合或日常生活中。一起用餐較容易消除緊張感，也會產生同伴之間的連帶感。反之，難得到外面用餐卻「一言不發」、「完全聊不下去」的人，就會讓人渾身疲乏，甚至覺得再也不想跟這個人一起吃飯了。

無論是同性還是異性，吃飯吃得愉不愉快都是很重要的因素。總而言之，就是要把「美食＋愉快的談話」當作是一個組合。

愉快的對話就是最美味的佳餚。用餐時愉快、有趣、開心的對話印象，容易和刺激五感的料理一起留存在記憶中。即便是每天都相處的家人、同事，只要抱著「難得一起吃飯，一定要度過愉快的時光」的心情，就容易留下深刻的印象。

只要是彼此都有興趣，開朗愉快的話題都可以聊。難得一起吃飯，聊聊正在吃的料理或食材，不只能聊得愉快，還能在放鬆的狀態下建立親近的關係。譬如聊料理美味的原因、作法、回憶，假設桌上有芹菜的料理，就可以用「據說芹菜治百病，對恢復疲勞很有幫助」、「加進燉菜裡很好吃喔」、「我記得有首歌就叫做芹菜」來延伸話題。

說別人壞話或抱怨、政治或宗教等話題一律NG。這種錯綜複雜的話題，吃完飯再聊。吃飯聊天的過程很開心，對方就會主動說「下次再一起吃飯吧」，如果家人之間建立起肚子和心靈都滿足的關係，就不容易發生問題。

14 容易一直聊下去的人通常都具有玩心

什麼是讓人心情愉快的「玩心」？

我的朋友N是位針灸師，他因為一場交通事故導致眼睛全盲。第一次在聚會中見到他時，他問現場一名男性：「如果拿男藝人來比喻的話，你長得像誰？」

大家答不出來的時候，他接著說：「那用家電產品來比喻的話呢？」結果這個充滿玩心的問題，讓大家爆笑出聲。「用家電產品比喻，真的有辦法想像一個人的樣子嗎」、「應該是清爽的空氣清淨機吧」、「那其他人是什麼家電」，結果大家變得更熱烈參與話題。

N先生經營一間附設藥膳工作坊的針灸指壓沙龍，這間店也充滿玩心。他舉辦「大家一起做一起吃」的活動，結合藥膳料理、俄羅斯料理、手打蕎麥麵等各種獨創料理，店內總是盛況空前。

N先生的靈感豐富，就像不斷想出有趣遊戲的少年一樣，認為「A加B的組合應該很有趣」，和他相處會覺得妙趣橫生，心情也變得天真爛漫，總是有聊不完的話題。和有「玩心」的人相處，自然能聊得開心。

所謂的玩心並不代表隨便，而是思考有趣的事情，然後盡情享受。其實這一點也不困難。譬如，之前幾個朋友一起去兜風時，大家玩「名人接龍」玩得很開心。雖然只是把大家認識的名人套在接龍上的簡單遊戲，但玩著玩著就會從「那是誰啊」、「喔喔，你很熟體育圈的人耶」開始聊得起勁。

另外，有時候根據對象不同，像是「有沒有想過去無人島」、「如果你變成公司的老闆，你想做什麼」等假設性的話題，也會意外地令人樂在其中。「你比較喜歡狗還是貓」、「咖哩要加豬肉還是牛肉」等選邊站的話題也不錯。

像這種無所謂的瞎聊很重要。不只能緩和氣氛、讓人放鬆心情，也能促進彼此之間的理解，拉近雙方的距離。

玩心就是溝通的潤滑劑。無論在什麼狀態下，只要試著思考「該怎麼樣才能聊得開心」，不僅能讓對話變得更熱烈，人生也會更多彩多姿。

15 和能夠共享資訊的人容易聊得起勁

珍惜「聊得來」的人

年近五十之後，越來越常舉辦小型的同學會。可能是大家的孩子都長大成人，工作上也比較有餘裕，終於能喘口氣了吧！

我們不是按照學校或學年那麼正式的感覺辦同學會，而是聚集在東京或在老家生活的同學。既然是同學就免不了會聊近況，但大家聊得最起勁的話題，通常都是「運動會的學年接力對抗賽，○○跑最後一棒結果跌倒」或者「○○和××交往，結果被老師罵到臭頭」，這種過去的回憶。

不可思議的是「很遺憾」、「很辛苦」的事情，都會比「完美」的事記得更清楚，姑且不論當時複雜的內情，聊朋友之間的往事的確很愉快。再者，現在可以不顧慮當時的立場，以對等的同學身分一起哈哈大笑，更能加深彼此的連帶感，大家才會相約下次再見。

所謂的聊得來，其實就是擁有共同的資訊。只要是同學，就必然會擁有相同的回憶。即便不是同學，擁有相同興趣或嗜好，思想方向一致的人也會比較容易聊得來。譬如我自己比較容易和喜歡旅行、關心職場女性或社會、喜歡讀書的人聊得起勁。

我有一個朋友比我年長十幾歲，但是我們對書本的喜好很相似，每次見面都會先聊最近讀的書，交換推薦的書籍，然後用電話或電子郵件交換心得。和她聊天的時候，只有一成的時間在聊書，幾乎九成的時間都在瞎聊。有共通點的人，不知道為什麼就會很合拍，關係也會變得很好。

我偶爾會以有趣的主題辦一個「〇〇會」邀請別人來參加。以前我辦過「吉祥寺的男人和女人討論會」、「臺灣女子會」、「旅人集會」、「昭和電視劇鑑賞會」等聚會。即使成員只是兩個人或五、六個人，也可以命名為「〇〇會」。

不只單純約見面而是「召喚同類的朋友」，彼此有相同目的就比較容易交換資訊，甚至約下一次見面。更重要的是，有一樣的主題大家都能聊得起勁，彼此也能拉近距離。其實，這就像是在玩遊戲一樣，大部分都會自然而然結束，不過意氣相投的人就會保持聯絡。

身邊有很多擁有相同資訊的人是一件樂事。因此，找到共同的話題並珍惜聊得來的人非常重要。

16 讓不會來搭話的人主動靠近的方法

目標是百分之百的回客率

國高中的時候，總是會有比較搶眼、受歡迎、高人氣的同學，經常被約出去玩或被推舉當班長，連分組作業大家都搶著跟他同一組吧？

我以前一點也不顯眼，所以不會有人來跟我搭話，甚至我還有點自閉，自己開不了口說要和大家當朋友。甚至曾經因為這種狀況而默默感到受傷。然而，一向不會有人來搭話的我，為了讓別人主動接近，特別注意兩個原則，甚至直到現在我都維持這樣的習慣。

1. 對任何人都確實打招呼

不分好惡都貫徹打招呼的原則，就能在出奇不意的時候聊開來。只要保持笑容打招呼，別人主動靠近的機率就會大幅提升。

2. 盡全力感謝主動來找我的人

對方主動來找我，我一定心懷感激竭盡所能回報。最簡單的回報方法，就是在對話中提供對方有興趣的資訊。也就是說，想讓主動來找我的人願意再度來搭話，必須比平常更加努力。

以店面來比喻的話，就是致力於讓已經進場的顧客滿足，而非努力爭取新客戶，把目標放在百分之百的回客率。直到現在我都未曾改變這樣的態度。

我剛成為自由撰稿人時，起先沒什麼工作，所以只要編輯給我機會，我就會徹底思考「對方想要什麼」，竭盡全力寫出最好的文章，於是奠定了和許多編輯長期合作的關係。

感嘆「沒有人願意主動靠近自己」的人，其實正好可以利用這段時間靜一靜。一個人也能做很多事，不需要焦急，好好享受這段時光吧！不過，如果遇到願意主動靠近的人，一定要好好感謝並且盡全力回報對方，即使只是做一點小事也無所謂。然後，請盡情享受彼此相處的時間。

從重視對方開始，慢慢建立真正的人際關係。彼此願意持續交流的人際關係，也是人生的財產之一。

17

擁有自己世界觀的人，往往會讓你看見新的風景

有主見，對話才會愉快

在工作、興趣、服飾時尚、生活風格等方面「擁有自我世界觀」，或者跳脫常識的人，會聊起來非常盡興。

這並不是因為「得知對方的世界而開心」，就像喜歡陶藝的人一股腦傾訴對陶藝的熱情，對沒興趣的人來說其實很無聊。而是因為擁有自我世界觀的人其實是有主見的人，所以聊起天來才會有趣。

對生活方式或生活風格有所堅持的人，不會受他人影響，總是堅持「因為自己喜歡所以去做」的態度。這種獨特的個性既嶄新又吸引人，當然容易讓人覺得和這個人聊天真愉快。

比方說，屋久島是個擁有樹齡超過三千歲杉木的島嶼，前一陣子我有和一群移居到此地的居民對談，話題突然聊到時間，大家的意見都很有趣，聊得非常起勁。

「看著活了那麼長時間的樹木，讓我更珍惜自己的時間」、「物品和時間沒有交集，但是生物、心靈、語言會隨時間改變，這讓我感受到奇蹟」、「重視自己的步調，才能慢慢品味時間」。這些意見都讓我覺得「哇，原來如此，真是有趣的想法」，不只感動甚至認同。

和有主見的人對話，能跳脫自己原本的框架，發現像是「從這個方向就能看到有趣的風景」等嶄新的世界。另外，即使這些人價值觀不同，卻也不需要勉強統一意見，相處起來感覺很輕鬆。因為大家都各自認同彼此的世界，所以能聊得更深入。

在一般社會中，有主見的人或許也有不容易生存的一面。順從社會的常識與程序，有時候的確比較不費力。然而，和沒有主見的人聊天真的很無趣，不明確表達意見的人令人費解，當然也就不會聊什麼太深入的話題。

先從對自己誠實開始，任何小事都坦率地說出「我覺得……」、「我喜歡……」等感受，就是有主見的第一步。即使和大家不一樣也沒關係，重視自己的感受，有自己的意見，才能創造自己的世界。習慣誠實坦率、用自己的頭腦思考，不只會讓話題變得有趣，也能獲得旁人的信任。

第二章

招來「好人緣」的心理與行為習慣

01 關注正面訊息，無論任何時候都能保持愉悅

心靈是否開朗，到底有什麼差別？

無論是同事、家人、戀人、朋友，大家都會想和人緣好的人相處。因為待在這種人身邊就會覺得安心、被療癒、變得有活力，充滿正能量。因此，第二章我想傳達人緣好的人，擁有什麼樣的心理與行為習慣。

在人緣好的人之中，最受歡迎的就是個性開朗的人。開朗的人不會勉強自己一定要思考正面、積極，也不會逞強，而是擁有放鬆的心理習慣。

我有一個總是開朗快樂的朋友，她曾說過：「旅行無論是去程還是回程都很開心。到達目的地前，想著在旅行地點要做什麼就令人興奮不已，回程時想到可以在家裡發懶、充完電要開始工作也感覺好開心。」

哇，這種想法還真是令人瞠目結舌啊！因為我一直覺得出去旅行很開心，不過回程卻老

是開心不起來。聽到她的想法，讓我也開始覺得回程更應該好好享受。的確，重新再看一次旅行時拍的照片，就會深刻覺得這趟旅程真棒，回家之後對日常生活有新發現，這些小事也變得趣味橫生。

這位朋友無論在工作或私生活方面，都讓我有新發現，讓我學會「原來如此，只要這樣看事情就好了」，真是一位不可多得的良友。即便沒有直接對話，光是想像「如果是她的話會怎麼思考、怎麼行動」，我就能得到答案。

心靈是否開朗只差在自己關注什麼。因此，我們都需要具備孩子的天真和大人的理性。如果擁有孩子般天真的好奇心，就容易找到「讓自己開心的事物」（需要的事物）；如果我們擁有大人聰明的理性，就能發現「讓自己不開心的事物」（不需要的事物），我們會懂得放手也會懂得如何改變觀點。

養成關注光明面的心理習慣，就會吸引自己認為相處愉快的人，也能打造舒暢、愉快的人際關係。

02 一旦有想做的事，就先行動五分鐘吧！

機會多又很幸運的人通常都行動迅速

人緣好的人通常動作都很快，行動力也很強。

我周遭也有一群朋友行動力超強，他們擁有豐富的經驗和情報，話題也很有趣。「這很有趣，來試試看吧」、「馬上打給〇〇先生問看看」、「要不要今天就去？心動不如馬上行動」，事情就這樣開始有所進展，連我也會覺得很興奮、充滿活力。

不過，這些事情不見得完美，也會有失敗的時候。某個朋友說「我們來開章魚燒派對吧」，於是在週末召集十幾個人，結果忘了買麵粉；發現有趣的志工活動跑去參加，結果因為天氣太熱而中暑。儘管如此，最後還是有人幫忙買了麵粉，或是在活動上遇到很棒的人，還約了下次見面，儘管遇到很多波折，但大多都以不錯的結局收尾。

機會多又很幸運的人通常都行動迅速，這些行動迅速的人應該都抱著船到橋頭自然直的想法。相對之下，難以展開行動的人習慣用「我很想……但是……」的模式思考事情。拖泥帶水讓心裡感到不安，以致最後大多會朝負面的方向思考，譬如「我想嘗試瑜珈，但是沒時間」、「想整理房間，但是好麻煩」、「我想換工作，但是應該沒那麼順利」。

接著，在拖拖拉拉往後延的時候，腳步就越來越沉重，這件事情也變得無所謂了。看到這種狀況，應該會有人會覺得煩躁，心想：「與其花時間煩惱，不如快點去做！」因此，行動時其實不需要過度思考，反而要趁思考前先稍微嘗試。

「先去拿瑜珈教室的簡介好了」、「先整理一部分的書櫃」、「瀏覽一下轉職的網站」即便只是這種小行動也能振奮精神，讓人看出下一步該怎麼做。像我自己是五分鐘以內可以完成的事，想到就會馬上去做。

完成一件事的快感就是讓人愉快的成功經驗。不斷累積五分鐘的成功經驗，當你面臨大事時就會覺得自己能挑戰看看。只要稍微踏出一步，心情就會變得輕鬆。不僅自己會感覺舒暢，一起相處的人也會覺得愉快。

03

和重要的人談話時，請忘掉手機

面對越親近的人就要越重視小事

和那個人相處覺得很舒服，是因為感覺到對方很重視自己。我有個朋友貫徹執行全家人都不在吃飯時間看手機、看電視的原則。

我們一起吃過很多次飯，她上高中的女兒們本來在開飯前都各自滑手機、聽音樂，但開始用餐後就會一起聊天，氣氛非常熱烈。朋友告訴我：「家人相聚一起吃飯的時間明明很寶貴，如果沒辦法好好品嘗料理、不聽別人說話而去做別的事，豈不是太失禮了。」

這樣的規則讓她從日常生活中養成尊重對方的習慣。像家人或親近的好友這般緊密的關係，很容易就會疏忽了理所當然的事情，因為關係親密所以總是能得到對方體諒，往往就容易太過放縱。

你身邊有沒有這種人？和工作相關的人見面時不會滑手機，但是和朋友相處時反而一直盯著手機看；和新朋友一直保持電子郵件往來，卻對家人、曾經照顧過自己的人、老朋友疏於聯絡。只重視形式上的交往，卻不重視身邊的人……。

其實，離自己越近的人越應該體貼、重視。對方重視自己，自己也一樣要重視對方。

我們想要傾訴、有困難、想尋求幫助的時候，最支持自己的還是親近的人，而不是非親非故的人。即便只是小事也無所謂，遵守約定，或是聯絡有點疏遠的人、送點小禮物讓對方高興、當對方有困難時主動問候，像這樣的感覺即可。

並不是什麼都不做，身邊的人就會自動變成重要的人。就像照顧花草一樣，要用心、花時間累積，對方才會變成無可取代的人。

「希望對方能開心」、「希望關係能變得更好」、「希望對方能夠安心」，這些體貼的想法會讓對方和自己都感到溫暖，相處起來很舒服的人都不會忘記這些小小的體貼。首先就從和身邊的人聊天時不做別的事情開始，好好享受對話吧！

04

即使面對討厭的人、討厭的時機也要好好打招呼

無論任何場合，只要保持禮貌就會有好事發生

二十幾歲那段時間，我曾輾轉任職於超過一百間公司。

當時，我只規定自己一定要做好一件並不難的事，那就是「有禮貌」。譬如打招呼和感謝對方、遵守約定、不要過分裝熟。遵守最低限度的禮儀絕對不會有損失。

有禮貌感覺很理所當然，但意外的是很多人都做不到。比方說，剛開始在新職場工作時每天都會說「早安」、「謝謝你」，但是越來越熟悉之後，到公司不打招呼就直奔自己的座位，別人幫助自己也不會道謝。對那些自己不喜歡的、處不好的人，也盡量不搭話。

然而，越是討厭的人越要守禮。一視同仁不斷面帶微笑說「早安」、「謝謝你」，對方也會好好回應，甚至覺得你人很好。以後若有機會在工作上得到對方幫助、化解誤會、得到對方肯定，一定會慶幸還好當初有保持禮貌。

雖然一般認為禮儀貴在用心，但其實不用心也無所謂。能做到假裝自己很用心，就是禮儀的精髓。無論用心與否只要恪守禮儀，任何人都會覺得被重視，不會有什麼負面觀感。

無論對象是誰、心情如何都該遵守打招呼的禮儀，才能維持社會秩序。所謂的禮儀就像交通規則一樣，只要徹底遵守，基本上就能安全處世。

心靈本來就是瞬息萬變、說不清道不明的東西，昨天和今天想的事情都不一樣。如果只和喜歡的人打招呼，不喜歡的人就跳過，每個人都如此隨心所欲，那這個社會應該會變得一團糟。一旦世界上沒有禮儀，令人生氣、受傷的事情就會變多，讓人無法安心度日。

我會想和有禮貌的人一起工作，有禮貌是開心工作的基礎，因為不會感到不愉快，所以能安心專注在工作上。保持禮貌不是因為對方很重要，而是因為守禮才能自然地體貼對方，漸漸培養出互相重視的人際關係。

05 輕鬆地問問看「要不要見個面？」

能爽快見面的人際關係令人愉悅

人緣好的人，相處起來輕鬆愉快。

比方說，我剛開始在台灣生活的時候，經常突然接到朋友的電話或郵件邀約「要不要見個面」、「要不要現在去」，當時我覺得很唐突，也很困惑。後來我漸漸習慣，好幾次都突然去別人家玩。

乍看之下似乎很失禮，不過在台灣突然去別人家是一種禮儀。因為這樣對方才容易找藉口說「我什麼都沒準備」、「我都沒打掃，先進來吧」。如果提前說，對方就必須事先準備餐點、伴手禮，還要打掃房間。不要讓對方太有負擔也是一種禮貌。

當然，在日本突然拜訪對方很失禮。突然約朋友出來喝茶，對方可能會覺得你沒常識。然而，如果是關係親密的人，稍微直爽一點也無所謂。

太過多慮就會因為自己想要好好表現，光是打扮和準備就累到不行。既然如此，不如試著思考怎麼做對方才會開心。實際上，即使做好萬全的準備，對方很多時候也不見得對你準備好的事情有興趣，反而是維持能夠輕鬆見面的關係更令人開心、愉快。

前陣子朋友突然在晚上十點後來我家附近，告訴我：「看妳好像還在工作，所以帶甜食來慰勞妳！」我們穿著休閒服在車站見面，到附近的咖啡廳喝茶半個小時左右就分開了。擁有這種友誼，真的很開心。

建立這種可以輕鬆見面的關係時，重點在於考量對方的行程而縮短見面的時間。服裝也要考量對方的狀況，盡量保持輕鬆。外食的時候選擇預算上可以常去的地方（因人而異），讓彼此在不需要太努力、太勉強的狀態下見面。

想到就邀約對方，難免會因為時間不合的關係被拒絕。以被拒絕為前提邀約，即使被拒絕也不在意，告訴對方「ＯＫ，那下次再約」這一點很重要。

能經常輕鬆說「要不要見面」、「在幹嘛」的友誼，會讓人覺得愉快、被療癒，因為輕鬆才能敞開心胸。當彼此都覺得和對方相處很輕鬆，就能成為無可取代、了解彼此的人。

06

如果對方回答吞吞吐吐，就表示該「停止」了

先摸清楚對方不能踩到的界線

人緣好的人能自然掌握和人相處的距離，他們不會強迫對方配合自己的步調，懂得尊重、守護對方，當對方有需要或遇到困難時立刻伸手幫助。因為重視對方，所以能把持住再往前一步就會破壞彼此關係的界線。

認識很久的朋友來推銷工作上的商品，或者要你加入某種組織時，心情難免會有點複雜。「因為自己覺得很好，所以才想推薦給你，我知道這一定對你很有幫助」，這種心情我也明白。不過，這和推薦好吃的餐廳不一樣。有人會接受這是為你好的說法，但也會有人認為：「說到底，還不是因為你自己能拿到好處才推薦的嗎？」

保留讓對方可以安心生活的「個人心靈空間」，也是一種禮貌。如果有人沒脫鞋就踩進個人空間，心靈就會受到威脅，讓對方留下不舒服或有壓迫感的印象。

其實，問題大多出在個人領域受到侵犯。不論是拜託對方，或者對方來拜託自己都無所謂，重要的是必須維持在彼此都感覺舒適的範圍內。

不借錢、不欠錢，即使借了也要馬上還。即便是親近的人，也不擅自翻看對方的抽屜或信件等私領域的東西。不插嘴對方的戀人、家人、生活方式，隨時注意避免侵犯能讓對方安心的個人領域。

這個不想讓別人入侵的領域會因人而異，有些人初次見面就意氣相投，很快縮短彼此的距離，但也有人認識很久依然有距離感。

當你在聊天時發現對方回答吞吞吐吐、表情沉下來，就表示該喊停了。迅速結束、轉換話題對彼此都好。不要試圖一下子就縮短距離，慢慢熟悉彼此，才是最令人安心的作法。

然而，太過配合對方導致自己緊張、行為彆扭，反而會讓人覺得疲累。不需要想得太困難，只要按照自己的步調對話，再慢慢摸索出彼此都能笑著聊天的距離即可。

07

收到禮物時，「馬上答謝」比「鄭重答謝」更重要

馬上回覆最能傳達重視對方的感覺

送禮給對方時，馬上就回覆的人通常人緣都很好。

可是感覺好麻煩，所以一不小心就會拖延……這種心情我也懂。這一定是因為你想要「鄭重答謝」，所以才會覺得麻煩吧？

譬如收到中元節或年末的禮品時，思考該寫信還是發電子郵件道謝、是不是該送回禮，因為想得太複雜，最後就開始嫌麻煩。只不過，其實對方根本就沒有期待這些。

我也很容易會這樣，所以總是馬上打電話向對方道謝。根據情況不同，有時也會用電子郵件道謝。只要立即簡單告訴對方「真的很高興，我一直很想要這個東西」，光是這樣就能表達你的喜悅。對方也會回應「這麼快就送到啦？我覺得很適合妳呢」，彼此就能因為這樣聊開來。

超過一個禮拜再連絡，這時需要付出好幾倍的努力，才能表現出和馬上聯絡相同程度的感謝之意。送禮的人也會心想「這樣一說，我的確有送禮」，心情也不會那麼興奮。雖然反應因人而異，不過如果一直遲遲沒收到回覆，對方可能會擔心「是不是沒收到」、「是不是不喜歡」。

只要「立刻回覆」就能傳達重視對方的心情。收到郵件和文件的時候也一樣，對方期待的不是仔細完整的回覆，而是簡單的「我收到了，謝謝你」。

不過，在信件最後加上「僅此致謝」算是畫蛇添足。乍看之下彬彬有禮，但其實給人有種「我很忙，所以簡單寫一下」的感覺。尤其是寫給長輩，更要避免這樣的句子。

之前我送禮恭喜朋友喜獲麟兒，對方馬上打電話來道謝，而且還同步寄電子郵件來，信中附了可愛的嬰兒照以及使用我送的禮物時拍的照片。之前一直很苦惱要送什麼給對方，這下馬上放心，覺得「太好了，對方很喜歡」，感覺心情無比舒暢。

聯絡只需要五分鐘，不需要說什麼太困難的話。聯絡對方只是要交換心情，所以保鮮期很重要。趁這份感受還很新鮮的時候處理，最讓人心情舒暢。

08 人緣好的人通常都是「誠實的人」

在漫長的人生中，誠實的人最不吃虧

我們和誠實的人相處，會覺得很舒服。

有時候誠實的人感覺上似乎很吃虧，例如「誠實的人看起來像笨蛋」、「誠實的人很死腦筋」，不如說點謊讓事情順利過去比較聰明，也會獲得很多好處。

然而，我認為誠實的人在當下或許會有所損失，但以整個人生來看反而好處多多。那是因為誠實的人值得信賴，大家可以安心和這樣的人相處。

人會在潛意識中感受危險或安全。我有一個長年從事保險業，一直維持銷售冠軍的朋友曾經說過：「不只要向對方分析不同商品的優點，也要誠實說明缺點，對方才會安心聽下去。」比起跳過或敷衍對自己不利的部分，誠實告知反而讓人覺得舒坦，也能獲得信任。誠實的確是最好的策略。

此外，比起老愛自誇令人不禁懷疑真假、只會說場面話，誠實說出自己失敗或出糗的事情，對話會比較有趣也容易讓人產生好感。

誠實的人言行一致，所以溝通上總是很順利。因為自己沒有做虧心事，所以能堂堂正正對待別人。他們不會因為說謊或敷衍被看穿而影響人際關係，也不會因為說謊而造成心理壓力，的確，不說謊反而比較輕鬆。

西方有句諺語：「想幸福一天，就去理髮店；想幸福一個月，就去結婚；想幸福一生，就當個誠實的人。」誠實的人不只擁有良好的人際關係，也能維持安穩的心靈與自尊心。

不過，也有一句諺語叫做「說謊是權宜之計」。我個人認為，如果謊言是為了不傷人或者不會影響往後人生，在有需要的時候就可以用。因為有時太過誠實，反而會讓對方擔心。

之所以誠實的人會有好人緣，正是基於人與人之間的信賴，而自然產生的結果。誠實的人活得自在、輕鬆，和這樣的人相處當然也會心情舒暢。

09 人緣好的人不會板著臉

想擊退不愉快，需要借助言靈的力量

我對旅伴的要求只有一個，那就是不會對任何突發狀況感到不悅。

旅行本來就會有很多意外，即使有什麼不順利也能笑著說「真是太搞笑了」、「就是會發生這種事，旅行才有趣啊」，如此一來，無論是什麼冒險之旅都能輕鬆完成。

保持心情開朗，自然而然就會注意到好事，身邊也容易發生趣事。甚至有可能出現「反而剛剛好」的正面結果。一遇到不順利的事就板著臉，光是和這種人相處就心累。

旅行的目的不只是走完預定行程，還要享受旅行的時光。其實不只旅行，這種態度也可以套用在每天的生活和人生中。

譬如媽媽皺著眉頭、板著臉做家事，家人也不會開心。不開心就無法冷靜，很有可能會遷怒他人，甚至粗心犯錯。對家人而言，比起媽媽把家事做得完美，一起笑著過日子更令人開心。由此可知，心情不愉快足以奪走人的幸福。

人會覺得不愉快，大多是因為出現不順心的情緒。大家往往會認為事件本身是不愉快的原因，但就結果來看，只有自己才能決定自己的想法、修復負面的情緒。先從養成習慣注意自己的情緒開始，確認「現在心情如何」、「有覺得不開心嗎」，如果一開始就不認為要「盡量保持心情愉快」，那麼不愉快的情緒就永遠不會改變。

除此之外，擊退不愉快需要借助「言靈」的力量。譬如把「今天好累」換成「今天很努力了」，或是把「慘了，怎麼辦」換成「難免也會有這種狀況」。先在心裡接受負面的情感和語言，再轉換成稍微正面的說法，就能緩和情緒、改變行為。

其中最有效果的一句話，就是「謝謝」。即使發生意外，只要默念這句話，就能轉化成「這樣也很好」的心情，讓自己繼續向前走。無論面對好事還是壞事，只要養成默念「謝謝」的習慣，就能大幅減少不愉快的事情。

好心情不只能讓自己幸福，也能讓周遭的人幸福。

10 人緣好的人總是態度親切

讓對方覺得心情舒暢的親切感很重要

人緣好的人擅長展露讓對方容易接受的親切感。

不過刻意表現親切的態度，要是造成對方的心理負擔那就得不償失了。因為了解這一點，所以人緣好的人會自然而然透露出輕鬆愉快的氛圍。

有一些人偶爾會到我閒置的老家幫忙除草，他們都是住在附近的老爺爺、老婆婆，總是笑著說：「好像有點雞婆，但是看到雜草茂盛，我就坐不住」、「因為我家要除草，所以就順便囉」。當然，我知道除草工作有多累人。

送自己種的蔬菜給我時，總是說「太多了吃不完，妳就當是幫我的忙吧」；開車送我到機場時也說「剛好要到那附近辦事，順道送妳去吧」。這種說法總是能讓人安心接納對方的好意，甚至我如果想要回禮，對方還會說：「這樣一來，以後我想幫忙也不敢開口，所以不能收禮啦！」

人緣好的人不會把自己的不便說出來，而是會用「是我自己想做」、「讓我幫忙吧」、「剛好順便」、「我自己也很開心」之類的方式讓對方感到輕鬆，真是體貼又高明。反之，對方親切幫忙卻直說「其實還滿累的」、「我特地來幫你」，反而會讓人覺得「既然如此，不幫忙也沒關係啊」。難得親切伸出援手，卻無法讓人愉快地接受。

另外，人緣好的人總是會自動承接別人不喜歡的工作。譬如工作場合的聚餐主辦人、負責照顧新人等工作，率先說出「我來吧」就會讓人覺得心情開朗。幫忙清洗辦公室加濕器裡的濾心、整理倉庫等等，主動去做這些不起眼的事情，讓人看著就像心靈獲得洗滌般舒暢。

人之所以會覺得心情舒暢，或許是因為對方無關自己的得失，純粹認為「有人會因此開心的話，我也會開心」、「能幫助別人就滿足了」的安心溫柔感吧。

如果能幫助別人，就爽快地主動去做。在不讓對方多慮的情況下，若無其事地伸出援手，就能成為帥氣又親切的人。

11 人緣好的人的用錢方式

善於運用金錢的人有三大特徵

我認為人緣好的人用錢的方式也很聰明。實際上，在某些事情上花大錢，或者是為了將來而省錢、存錢到極致，這兩種極端的狀況都很令人擔心。

用錢方式能誠實展現一個人的人品。能夠開心、聰明運用金錢的人，有三大特徵：

1. 不會讓人知道「自己有沒有錢」

不讓對方意識到金錢最令人舒暢，而且也是一種體貼。「我現在很缺錢……」說這種話會讓對方有所顧慮；花錢不手軟的人只有兩種結果，一種是令人敬而遠之，一種是永遠都在買單。默默考量對方和自己的經濟狀況，但不彰顯出來，才能在對等的關係中舒暢地往來。

然而，對長輩、上司、顧客等對象，不需要一律採取各自買單的方式，可以看狀況做決定。如果覺得煩惱，不妨以彼此都舒心為主軸思考解決方法。

2. 對金錢有自己的原則

重點在於不把錢用在自己不需要的地方，需要的時候則爽快掏錢。不是看到什麼都買，而是仔細考量自己真正想要的東西，購買後就會用很久，這種人會令人有安全感。因此必須重視基本的金錢概念，像是「了解一千元的價值」。無論有錢沒錢，能減少支出、保持一定生活水準的人，也會讓人感覺值得信賴。

3. 能把為人為己的用錢平衡感掌握得恰到好處

在力所能及的範圍內為別人花錢的人，人緣也會很好。送小禮物給照顧自己的人或朋友、捐款給不認識的人，都會讓人感受到對他人的重視。尤其是擁有某種程度財富的人，更應該歡喜地為他人付出金錢。

另外，為學習或經驗付出金錢是一種對人生的投資。比起購買物品，把錢用在像這種對自己留下影響的事物，也會讓旁人獲得活力。

花錢時和拿到錢時一樣都要心存感激，保持愉快的心情和金錢打交道，和人交往的時候也會變得愉快。

12 好人緣的關鍵在於「笑容」與「放鬆」

與其堅強不示弱，不如當個放鬆的人，人生會比較輕鬆

「想讓人覺得自己很能幹」、「不想被別人看到弱點」，這樣的想法本身並沒有錯，但是如果太超過，自己和旁人都會感覺精疲力盡。

我曾經在職場上遇過一位挑不出毛病的優秀女上司，不論服裝、工作都完美，也能馬上發現屬下的小錯誤並且給予指正。大家都對她的工作態度讚不絕口，只是不知道為什麼很難親近，氣氛總是有點僵。

然而，某次聚餐的時候，這位上司突然撥亂頭髮唱起重搖滾歌曲。據說她從小就是搖滾樂迷，雖然歌唱得不算好聽，但因為和她平常正經八百的樣子反差很大，讓大家覺得很爆笑，結果這位上司就這樣變成公司裡備受歡迎的角色。

也就是說，呈現真實的自我就會產生放鬆的氛圍，變得比較容易親近。

最近似乎所有人都傾向在工作上不示弱、做到完美，但是這樣反而會讓人際關係變得苦悶。培養好人緣需要適度的放鬆。

覺得今天穿高跟鞋會很累，那就穿低跟的款式；覺得工作好累，就偷懶一下或者拜託別人，偶爾說喪氣話也無所謂。適時放鬆才會有親切感，別人容易接受也會出手幫忙。雖然很諷刺，但是比起想好好表現而拚命努力，適度放鬆反而更受人歡迎。

另外，好人緣的重要條件之一就是笑容。雖然很單純，但一般而言大家不會想跟撲克臉的人聊天，比較容易向滿臉笑容的人搭話。這種容易讓人接受的感覺，會讓周遭的人感到安心、舒暢。

笑容是人際關係的潤滑劑，而且容易傳播。即便工作多少有點繁重，只要職場中充滿笑容就能減輕壓力，氣氛也會變好。

想要擁有好人緣，不需要努力。應該說，最好不要刻意努力。只要掌握放鬆和笑容，自己和旁人都會跟著輕鬆起來。

13 能坦率說出「請教教我」的人容易和他人打成一片

能與對方親近的機會比自尊更重要

我有一位朋友是經營多家ＩＴ企業的女社長，她很擅長請教別人，也是個好奇心旺盛的人，聽別人說話時總會說「哇，好有趣」、「請再多說一點」，表現出一副眼神閃閃發亮、聽得津津有味的樣子。碰到有興趣的事情，馬上就會做筆記。

她以前是在餐廳打工的單親媽媽，後來成為擁有數十名員工的女社長。想必一定是從以前就一直放下身段請教別人吧，她的身邊總是有很多人支持她。直到現在她仍會說自己還有很多事情不懂，或許這份謙虛就是讓她招來好人緣，像海綿一樣吸收各種知識的關鍵。

能夠爽快說出「我不懂，請教教我」的人，令人心情舒暢、好感油然而生。看到對方「學到一件好事」開心執行、獲得成長的樣子，被請教的人也會認為自己「受到信任」、「有幫助到別人」，之後就會繼續告訴對方有幫助或者優質的資訊。

然而，有些人因為自尊心的阻礙，導致有不懂的事情也說不出「請教教我」。尤其是學歷高的菁英份子或成功人士，有很多都是屬於這種類型。

「問這種事情，不知道對方會怎麼想」、「不想向那個人低頭」、「這種事不知道也無所謂」，當小小的自尊心成為絆腳石，就會讓人錯失學習和成長的良機。不，更大的問題在於這種想法會使你的內心築起高牆，錯過和他人親近的機會。無法坦誠以對，實際上會帶來莫大的損失。

善於請教的人懂得拋棄小小的自尊心，選擇能夠成長、能夠成為好朋友的美好價值。對地位比自己低的人、平常沒有接觸的對象都一視同仁，只要有不懂的事情，不妨試著馬上問「那是什麼」、「請告訴我」。即便對方驚訝表示「咦，你不知道嗎」，之後大多會很樂意為你說明。

假如是自己不懂的專業領域或興趣，也可以問問看。然後，請抱著愉快的心情用力感謝對方的說明。如果發現什麼對對方有幫助的事情，下次一定要找機會回報。

懂得請教別人，自然而然就能和大家相處融洽。

14

「處事周到的人」光是看著也會覺得舒服

處事周到的人，工作、人生也會很周到

我去量販店購買微波爐時，一位店員非常詳細地向我說明產品。不看說明書也能介紹產品功能和設計，然後還詢問我「什麼時候會用到微波爐」的飲食習慣。

我回答她每天早上吃麵包時會用微波爐，她稍微想了一下說：「這樣的話，比起微波爐，烤土司機或許會更合適。」她反而推薦我價格低很多的烤土司機，並且很開心地介紹具有遠紅外線加熱功能的款式之優點：「因為熱能傳導至麵包的內部，所以烤起來蓬鬆、表面微焦。我們家習慣吃義大利雜菜湯搭配小天使白麵包，這樣烤最好吃了。」

她的說明讓我腦海浮現餐桌上的情景，馬上決定買單。因為這位店員的服務周到，讓我記下她的名字，下次如果需要買家電產品，還是會想跟這個人買。

大家都喜歡做事周到的人。不僅限於工作，好好泡一杯茶、筆記寫得整整齊齊、說話時用字遣詞謹慎、用心保養手邊的物品，這樣的人一定人緣很好。或許是因為大家可以感受到，做事周到的人懂得重視人，也懂得重視所有事物。

所謂周到並不需要做什麼特別的事，如果每件事都要周到謹慎，再多的時間也不夠。譬如為了過著完美周到的生活，而在陽台種好幾種香草、手工製作美肌面膜等等，花時間做這些事情最後一定會精疲力竭。

只要在日常規律的生活中，注意特別吸引自己的東西，養成「既然要做，就做到最好」的習慣，心情自然會變得很積極。如果抱著「總是在做一樣的事」、「做到這個程度就差不多了」的想法，人就會變得消極。

越不想做的事情就越要做好，這一點很重要。或許你有時候反而會不知不覺投入其中，甚至喜歡上原本討厭的事情。

做事周到會讓人心情開朗。因此，周遭的人光是看著也會覺得心情舒暢。

第三章

什麼樣的人「難相處」？

01 難相處的人——性格陰晴不定的人

對方心情不好，是對方的責任

朋友向我傾訴職場上的煩惱：「有個女前輩個性陰晴不定，心情好的時候相處愉快，心情不好就開始臭臉或遷怒。我一直被她牽著鼻子走，好想辭職。」

和個性陰晴不定的人相處，真的很累人。突然一個心情不好，就會使人戰戰兢兢地思考「發生什麼事了」、「我犯了什麼錯嗎」。

然而，這種時候不去思考原因也無所謂。對方心情不好的原因，通常都不是什麼大不了的事。可能是漸漸累積某些煩心的小事，或者有事情不順心才會突然擺起臭臉。隔天，當事人大多都會忘記這些事。所以為了這種事情煩惱，根本就是浪費時間。

對方心情不好，是對方的責任，放著不管就行了。我們唯一能做的，只有搞清楚對方就是這樣的人，不要影響到自己的心情，這才是最好的策略，也是一種防禦方法。一直追究為什麼會這麼不高興，甚至進入戰鬥模式，只會讓對方感覺更不愉快，甚至理智斷線。如果身處於同一個空間，不妨打開看不見的防護網，想想晚餐要吃什麼、把精神放在自己的工作上。不在意，就是上上策。

搞不好對方也不願意這樣陰晴不定，只是無法控制自己的情緒，覺得很困擾而已。雖然這樣說有點失禮，不過對方就像因為不順心而鬧彆扭、生氣的嬰兒一樣，想不到其他方法排解自己的情緒。

所謂的心情就像天氣一樣，只要當作是「暴風雨來了」，冷靜度過這段時間，一定就能等到雲開霧散的時候。假如發現「風雨差不多要來了」，就盡快撤退、保持距離，採取相應的對策。等待對方心情好的時候，可以一口氣加快工作進度，也能委婉說出想說的話。其實，個性陰晴不定的人有時候反而很好相處。

【如果你覺得自己個性陰晴不定……】

如前文所述，只要注意有晴就有陰雨的大原則即可。無論是別人的心情還是自己的心情，都不需要太認真對待，這才是和情緒打交道的方式。不必擔心，反正總有放晴的時候。

02 難相處的人——太愛自誇的人

為什麼「人會想要自我膨脹？」

每個人都想要別人認同自己，社群媒體和部落格的使用人數暴增，其實也是這種天真的自我展現所造成的結果。

上傳自己親手做便當、假日去觀光的照片，這種心情我很了解，而且大多數的人都會面帶微笑看著這些無謂的自誇行為。只不過如果太超過，硬要對方認同「你看，很厲害吧」，周遭的人就會覺得有點心累。就像媽媽哄孩子一樣，變成義務性的回答「對啊，還真是厲害」，或者按讚、寫些讚美的話。

愛自誇的人也一樣，從過去的豐功偉業到吹噓自己受歡迎，自誇過往經歷、容貌、財產、家人、寵物，內容五花八門但就是不懂得關心別人。潛意識希望對方讚美自己，對方為了圓場只好說「好厲害喔」，重複幾次循環之後耐心就被磨光了。尤其是聽年長者聊豐功偉業，通常都會感覺精疲力盡。聊豐功偉業難免容易得意忘形，使對方最後聽得很膩。

為什麼人會想要自誇到被人討厭的地步呢？我想，應該是想要透過膨脹自己的不安和自卑感，讓自己忘了對過度自我表現踩剎車。另外，很多對周遭氛圍敏感的現代人認為「露骨的自誇會被討厭，而且很丟臉」，所以用拐彎抹角的方式自我膨脹。也有混合著自虐成分或強調不幸的自誇方式，譬如「我是娃娃臉，所以很不喜歡別人看不出我的年紀」、「我男朋友很愛管東管西，很困擾呢」。

無論如何，這些其實都是「希望被認同」或「想和對方交朋友」的表現，只要適度配合對方，在自己覺得心累之前趕快換話題即可。

【如果你也有愛自誇的症狀……】

比起自吹自擂，不著痕跡地展現能力或讓對方主動發現自己的能力，更能有效呈現自己的優點。

「雖然他從來沒說過，但他其實是個很厲害的人呢」，旁人若是這麼想，印象才會更好。自我宣傳固然重要，但越是有自信的地方，越要收斂表現出「沒什大不了的」、「我還做得不夠好」，周遭對你的評價才會不可思議地水漲船高。

謙虛的詞彙能控制自己的慾望和傲慢，也會帶來平靜與成長。

03 難相處的人——會因為立場不同而態度大變的人

善於算計反而不懂待人處世的道理

據說討人厭上司的第一名，是會因為立場不同而態度大變的人。對高層和客戶卑躬屈膝、盡力諂媚；對待屬下或配合的業者就擺出高姿態、自以為是的態度。看了就讓人火大。彷彿像是在說「隨便對待你也無所謂」的露骨態度，大家當然會覺得不舒服。

如果要比喻的話，就像《哆啦A夢》裡的小夫一樣。對有權力的胖虎極盡諂媚，大力稱讚自己最喜歡的靜香，但是不管做什麼都會批評、欺負大雄。

換句話說，這種人也算是很好懂。近年來，會說話、懂得看臉色的小夫派處世法評價頗高。然而，這種翻臉如翻書的人乍看之下懂得算計，但待人處事的手法只能說太過天真。

因為被看扁而受傷的人，心中會留下厭惡感和恨意。世界上應該沒有屬下會願意為了仗勢欺人的上司努力工作，出錯當然也不會有人來幫忙，甚至還會影響升遷。傷人的箭最後會像迴力鏢一樣回到自己的身上。

話說回來，為什麼這些人會見人說人話見鬼說鬼話呢？其實這是因為缺乏自信。如果不用職位和權力，他們就無法和別人抗衡。有些人對於不被認同抱持強烈危機感，這和強調自己公司、畢業大學、家人職業的心理構造幾乎相同，他們藉由這種方式勉強訂出價值，擅自評定對方優劣，根據對象改變態度。

如果你周遭有這種人，只要抱著「看輕別人是對方的問題」、「無論你怎麼想，我有我自己的價值」的態度就不會受傷。不需要浪費時間，為了仗著虎威的狐狸而感覺受傷。

【如果你是會因為立場不同而態度大變的人……】

真正聰明的人懂得禮遇屬下，感謝、體貼對方，稱讚對方的優點。彬彬有禮的態度會讓對方認為「竟對我如此體貼」，大受感動之後會想要「為這個人做點什麼」，反而會成為你的助力。接著，你也自然而然會受到高層認同，因為一定會有人在某個地方默默觀察你。

04

難相處的人——愛抱怨的人

問題出在沒有自己解決問題的習慣

我有一位男性朋友在公司擔任主管，一群女下屬常向他抱怨，令他很煩惱：「都在抱怨公司的方針有問題、只有自己的工作很多、晚進公司的人什麼都不會之類的，甚至在半夜傳信件過來，真的很煩人。」

很少有人會這樣直接跟上司抱怨，大多數的人都只能偷偷在同事間私底下發牢騷，或者在完全不相干的地方吐露心聲。

然而，和這種一天到晚抱怨的人相處，自己的心理狀態也會越來越糟，最後精疲力盡。有時候很想告訴對方「比起抱怨，不如趕快把事情做完」，因為抱怨不能解決任何問題。

一天到晚抱怨的人也不是天生就愛發牢騷、說別人壞話。我認為抱怨的本質，在於沒有自己解決問題的習慣。

其實答案在自己心裡，卻一直向外尋求解決之道，當然會覺得忿忿不平。這種情緒一但過度渲染，被害妄想症和忌妒的心理就會越來越強，甚至去攻擊別人。而且愛抱怨的人，大多認為「自己沒有問題」、「自己是在想辦法解決問題」，所以才顯得討人厭。

不過，也因為他們想解決問題的心情很強烈，所以如果周遭有愛抱怨的人，不妨藉由一起思考該怎麼解決，建立出積極正面的關係。

【如果你自己就是愛抱怨的人……】

當惡魔的三大咒語「可是」、「畢竟」、「反正」快要脫口而出時，不妨試著換成「那該怎麼做」。愛抱怨的人很常用「可是」來否定現狀；用「這不可能啦！畢竟……」來為自己辯護；用「反正也……」來自我否定，若三大咒語變成口頭禪，會讓人陷入無法思考下一步的循環。

只要稍微改變下意識脫口而出的口頭禪，就能向前邁進，心情也變得比較輕鬆。去做自己做得到的事，果斷放棄做不到的事情。現在馬上能改變的，只有語言、行動以及自己的心，不是嗎？

05 難相處的人——多管閒事的人

該如何對付老愛多管閒事的人

這個世界上有不少善於照顧人、體貼親切的人，我也在這些人的幫助下活到現在。然而，有些人乍看之下親切，但通常混雜著讓人苦惱、甚至可以說是雞婆的多管閒事。

譬如插嘴別人的工作或私生活、亂給意見，明明不需要還硬逼對方接受等等，身邊有這種搞不清楚狀況的人，真的會很鬱悶。被插嘴的一方如果說些面有難色的話，比方說「這樣不太好」、「不需要做到這種程度」，反而還會引來怒氣和不愉快，例如：「什麼嘛！明明是為你好，真是不懂得別人的好意啊」。

多管閒事的人只會用主觀角度看待事物，試圖糾正對方。這種人不懂得如何為對方著想，他們通常秉持著自我本位的自我陶醉型親切，期待對方感謝而不自知。另一方面，真正親切的人只是單純認為「對方開心的話自己也會開心」，秉持著對方本位的親切心，所以即使對方說「我不需要」，也會糾正自己「啊，那是我太雞婆了，對不起」。

那麼，該如何和多管閒事的人相處呢？最好的方法，就是讓多管閒事的人覺得這個人很難相處。多管閒事的人擅長找到可以接受雞婆的對象，所以只要擁有明確的自我主張，告知「因為……所以我決定這樣做」，多管閒事的人就不容易把你當成目標。

如果對方是長輩，就要在表示感謝、滿足對方自尊心的同時強調「以後不需要了」。另外，避免透漏太多資訊給對方也是重點之一。

【如果你有點多管閒事……】

擅長照顧別人而且受歡迎的人，經常掛在嘴邊的口頭禪就是「有需要的話就告訴我」。當遭到對方拒絕的時候，也會說「ＯＫ，那下次再聊」，然後乾脆地結束。另一個口頭禪則是「因為（我自己）喜歡所以才做」。

真正親切的人，懂得輕鬆應對，所以對方也能輕鬆回應。「能讓你高興的話，我也會很開心」，如果能有像這樣的情感交流，自己和對方都會變得更幸福，這份溫柔也會持續擴展下去。

06 難相處的人——太過樂觀的人

在自己身體不適時遇到這種人，會變得更累……

身體狀況好的時候和朋友見面很開心，但身體不舒服或心情不好時就會想避開。只不過有一種人總是莫名開朗、樂觀，儘管對方沒有惡意，但相處下來老是覺得自己的能量都被他吸光、感覺疲累。

我認識一位女社長就是這樣的人，如果她是我的上司，我應該會覺得很累。她無論再累、遇到再多不順遂，都一直保持積極樂觀，而且還會把目標的難度越拉越高。

在她心裡有一套「樂觀＝好事；悲觀＝壞事」的邏輯，或許是認為只要一直保持開朗有朝氣，人生就會一路順遂。

然而，人不可能永遠都有朝氣。身體狀況不佳時會想避開太過積極的人，應該就是因為擔心自己會被要求隨時保持活力，光是要配合對方的步調就讓人精疲力盡。

如果是發自內心的開朗也就罷了，越執著於追求積極樂觀，自己就越累。無法滿足自己、對現狀感到不滿。像這樣心靈跟不上思考腳步的勉強樂觀，應該會從某處慢慢透露出焦躁感才對。

如果身邊有這樣過度樂觀的人該怎麼辦？我們無法改變對方的想法，所以請放生他們吧！當對方沒有考量周遭的狀況，一昧把過度熱情的樂觀強加在別人身上，或者勉強自己保持樂觀，那就讓他們自己一個人樂觀下去吧。

【如果你就是過度樂觀的人……】

真正的樂觀思考，都是從認清現實開始。悲觀和樂觀一樣，都是理所當然的情緒，最重要的是對自己誠實。不需要永遠保持樂觀，而是當心中暫時出現悲觀情緒時，只要能看著前方繼續走下去就好。

當你覺得悲觀，可以找人抱怨；覺得傷心可以大哭一場，如此一來心靈就會得到療癒。如果有人心情沮喪，你可以告訴對方「我也一樣啊」，或許就能藉由陪伴對方獲得救贖。

07 難相處的人——自我中心的人

只想著自己的人非常麻煩

大家一定都碰過這種經驗，因為「這個人真的只會想到自己耶」而氣到全身發抖，覺得心累甚至精疲力盡。

朝令夕改的上司、淨把麻煩的工作丟過來的同事、臨時取消約會的男朋友，在難相處的人之中，這些自我中心的人算是最麻煩的類型。

我們本來就只能看到自己視線內的事物，所以多多少少都有點自我中心。因為經常要配合別人難免會覺得累，所以儘管覺得抱歉，有時還是會任性一下。當然也會有彼此意見不合的時候，因此需要禮讓對方或者一起討論出折衷的方案。

然而，真正自我中心的人不會覺得自己「給別人添麻煩」、「已經被討厭了」。他們盡全力滿足自己的慾望，要求別人體諒自己，卻對別人如何看待自己的評價很遲鈍，這一點非常矛盾。也就是說，他們缺乏對他人的體貼同理，所以才變得如此自我中心。

如果你周遭有這樣自我中心的人該怎麼辦？實際上，和自我中心的人相處時，明確主張自己的意見很重要。正因為對方無法理解別人的心情，所以不喜歡就要直說，否則只會被牽著鼻子走。

通常自我中心的人周遭已經有很多人受傷、吃虧，只要你提起勇氣，或許對當事人和周遭的人都有正面影響。不過要注意開口的方式，如果以戰鬥模式責備對方，自我中心型的人一定會抓狂，所以請冷靜地傳達「我辦不到」、「我不要」這種自我意見。

【如果你就是自我中心的人……】

1. 別對他人做自己不喜歡的事

只要想到「不遵守約定」、「說謊」、「說對方父母的壞話」會讓對方難過，就不會太過自我中心了。

2. 仔細傾聽別人說話

如果想讓別人配合你的任性，與其要對方了解你，不如先了解對方。只要對方認為你很了解別人的心情就會感到安心，對你也會有好感。如此一來，別人接受你任性的範圍也會漸漸擴大。

08

難相處的人——太在意別人眼光的人

怕被別人討厭的心情太過強烈？

其實我以前是一個很在意別人眼光的人，或許是因為對自己沒有自信，也或許是童年的生活環境和經驗造成的影響。

畏畏縮縮的想法總是讓我裹足不前，在意別人的臉色導致說不出想說的話。比方說，「說這種話會不會被討厭」、「這樣做對方會不會覺得很煩」。又或者同事問：「中餐要去哪裡吃」，其實我想在辦公室裡隨便吃一吃，卻還是回答：「我都可以。去大家想去的地方就好」，完全沒有自己的主見。

當時周遭的人應該也對這樣的我感到焦躁、不耐煩。經常會有人對我說：「妳到底喜歡什麼」、「所以妳到底想怎麼做？」

我有個朋友，總是能坦率說出自己想說的話。每次看到她都讓我深深覺得她一定很相信別人。由衷信任自己、信任他人，認為說出自己的意見也沒關係，所以才能自由地行動。結果，周遭的人也會明白她就是那樣的人，因為表裡一致反而能受到信任。

【如果你就是太在意別人眼光的人……】

我在某個時期轉念，認為別人怎麼想都無所謂，至少要對自己誠實，從此之後一切都變得很順利。因為我意識到，唯一能對自己的幸福負責任的人只有我自己。所以我選擇在不對他人造成大麻煩的範圍內暢所欲言、做想做的事。

我發現，其實別人並沒有自己想像的那麼在意。即便一瞬間有被挖苦的感覺，但下一刻就不會去思考別人的事。老是覺得別人會在意自己，才真的是想太多。

與其擔心自己，思考「怎麼做別人才會喜歡我」，不如試著去發掘別人的優點；思考「如何喜歡對方」，彼此之間的關係才會更好。每個人都有優點，所以不要只看對方的缺點，而是找出優點努力喜歡對方，如此一來大多數的人際關係都會一帆風順。

總是在意他人的眼光、感覺拘束感的人，在努力討別人歡心之前，請先努力喜歡對方吧。我認為舒暢的人際關係，一定就是從這些小地方培養出來的。

09 難相處的人——太過先入為主的人

經常把「絕對」這兩個字掛在嘴邊

大家往往會認為性格特殊的人「先入為主的觀念太過強烈」，但令人意外的是任何人都可能有這種現象。當然，我們自己也一樣。

我二十幾歲時曾說過：「女人最大的幸福絕對是結婚，工作做得差不多就好。」現在很想痛扁當時的自己，好好問一問：「妳憑什麼擅自定義幸福？」

乍看之下溫和、誠實的年輕人，也會在政治、思想、戀愛觀等層面，抱有固執絕對的想法。這些人先在腦內的考卷上填了〇，只要還沒有意識到×或△，就絕對不會改答案。

這種先入為主的根源，大多來自「報紙上有寫」、「自己曾有過經驗所以很了解」之類漏洞百出、非常薄弱的根據。如果遇到有人提出「還有其他的思考方式，只是你不知道而已」等意見，就會被激烈抨擊，最後陷入無謂的爭鬥。有時也會把對方當作否定自己的人，懷抱敵意反而變得更加頑固。這樣真的很累人。

如果不是什麼重要的問題，用「喔，這樣啊」一句話帶過就好。

對於太過先入為主的人而言，通常都是「只想用這種方法思考，所以才會有先入為主的觀念」。譬如認為碳水化合物減肥法很有效的人，會把希望放在這種方法上；認為男人一定會外遇的人，或許是想透過這種想法保護自己。先入為主的背後其實隱藏著情感上的判斷，而我們很難用理論說服情感。

【如果你就是太過先入為主的人……】

隨著年齡增長，先入為主的人和靈巧的人之間的差距會越明顯。太過先入為主的人會變得更頑固、愛批判別人，明明可以放著不管，卻偏要糾正對方。

另一方面，性格越靈巧的人越懂得傾聽，容易獲得資訊和人心。差別就在於總是對正確解答抱持懷疑的態度，認為「等等，真的是這樣嗎」。以冷靜、客觀、柔軟的觀點，試圖看透事情的本質。

我曾經有過好幾次「原本以為一定正確，結果其實大錯特錯」的丟臉情形，所以再也不使用「絕對」這個詞。對自己而言正確的事，對他人而言可能是錯誤，或者這件事本來就沒有正確答案。只要避免使用「絕對」這個詞，就能避免成為太過先入為主的人。

10 難相處的人——喜歡說別人壞話的人

聰明的人不會加入說別人壞話的行列

說別人的壞話，有一種發洩情緒的效果。

以前在仗勢欺人的上司底下工作時，我也習慣在午餐時間和同事一起說上司的壞話，諸如「不覺得那頭豬很過分嗎」、「那些主管怎麼不去死一死」等。「我們總是受到惡劣的對待，所以說這些話也是應該的」，或許大家都會用這種方式把說壞話正當化。

然而，午休珍貴的一個小時就在這種對話中結束，徒留滿腔痛苦。有時候會覺得「唉，早知道還不如讀一本書」。

不只在職場，舉凡家人、媽媽圈、朋友圈等任何人際關係，也都會有說壞話的情形，說的時候大家都認為自己是對的、對方有錯。對忌妒、自卑感有共鳴的人聚在一起，就會在集體利己主義的狀況下讓壞話越演越烈。

說壞話的時候，自己就像正義使者一樣批判對方，但這份正義其實很微妙，說穿了就是敗犬的遠吠。不敢直接向沒有勝算的對手挑明，只能在背後狂吠、紓解壓力。

聰明人不會加入說壞話的行列，其實是因為他們知道，負面的語言無法帶來正面的現實。試圖在相同舞台上戰鬥這件事本來就很無聊，所以請不要加入說壞話的行列。

【當你很想說別人壞話的時候……】

說別人的壞話和傳聞，等於把時間浪費在自己討厭的人身上。被壞話攻擊的對象，說不定正開心地大笑呢。

不妨試著想想：「如果今天是人生的最後一天……」，那麼你還會把這麼寶貴的時間用在說壞話上嗎？應該會想盡情聊開心的事，說些讓旁人開心的話吧。

有時間一直說別人壞話，就表示你很閒。老實說，如果能懷抱自己的目標、快樂過生活，別人怎麼樣根本無所謂。說不說壞話、對別人是否有敵意、是否表現出來，其實都是我們自己的問題。

此外，假如遇上別人說自己的壞話，只要心想「無法討所有人的歡心也很正常」，就不會太過在意了。總而言之，想要度過美好時光，就要懂得說好話。

11 難相處的人——太龜毛的人

千萬不能被對方的步調給牽著鼻子走

所謂雞蛋裡挑骨頭，意指專挑一些沒那麼重要的小事說嘴。在這種龜毛的人身邊一定會覺得很累，不過這或許是日本大多數組織中常見的病態現象。

譬如把企劃書拿給上司看，他卻總是在和企劃沒什麼關連的地方挑毛病，企劃書改了又改。會議中，正在提計畫和報告時，突然插話：「這種事情不重要吧？」只要一時回不了嘴，對方就會趁勝追擊，導致浪費時間。老是在雞蛋裡挑骨頭，卻不吃雞蛋，明明眼前就有「得趕快吸收消化才行」的蛋白質啊。

以前在外資企業工作的朋友，轉職到日本的某大企業工作時，對這種工作方式感到傻眼，曾說：「難怪工作時間會這麼長。」過度追求完美，在無謂的事情上耗費大量時間和精力，導致經常加班或假日上班，這樣當然會精疲力盡。

身邊如果有完美主義者或是龜毛到幾近神經質的人，一定會讓人覺得很累。凡是聚餐、送禮、邀對方來家裡，都要很小心，免得被嫌棄。為了配合對方的步調而勉強自己，一整年都會覺得煩躁。

因此，絕對不能被對方牽著鼻子走。你不需要因對方而受影響。把這些行為想成是對方的手段，千萬不要忘記自己心裡最重要的目的。被對方挑毛病時，可以用「感謝您的指教，不過能請您看看這個部分嗎」，不著痕跡地引導對方把眼光放在重點上。

【如果你就是龜毛的人……】

個性龜毛的人大多是靠完美主義獲得好評，不過他們只看得見枝微末節的小事，無法掌握全局。

只要養成習慣，隨時確認「原本的目的是什麼」、「至少要做到什麼」，就能把重心放在該做的事情上。放棄不做也無所謂的事、不太重要的事情就降低標準吧，養成習慣思考「最重要的是什麼」等事情的本質，就能有效運用人生中的時間、金錢和能量。

12

難相處的人——過分謙虛的人

該如何應付說「我辦不到」的人？

一位擔任主管的女性友人，曾向我抱怨：「把新工作交給後進去做，結果對方馬上就說我不行、我辦不到。我還得想辦法降低難度、稱讚對方，真的累死人了。」

不只工作，在家庭中的角色分配、家長會的幹部遴選、與人交際當中，馬上說出「我辦不到」，或過度謙虛的人，會讓大家都覺得心累。其實也不是真的辦不到，大多數情況都是不想做罷了。

即使跟對方說「你一定可以」，對方也會說「我能力不足啊」；鼓勵對方「做了就會發現很簡單」，對方反而說「我跟你不一樣」；告知「在做得到的範圍內努力即可」，對方卻說「這樣會造成你的麻煩」，用各種方式找藉口。

真正的原因可能是沒幹勁、沒時間做、不想失敗，但簡單來說就是不想做，所以用辦不到來劃清界線，讓自己能夠待在舒適圈內。這種做法，我覺得有點狡猾。

我以前有一個同事，經常說「我真的什麼都不會」、「我做什麼都會失敗」，周遭的人因此覺得焦躁，告訴他「不能這樣依賴大家」，並且半強迫地指派工作給這個同事，後來他建立自信後甚至還擔任團隊領導人。

如果你身邊也有直說「不行、不行」過度謙虛的人，不妨直接告訴對方「這些就拜託你了」。實際上，對方一定會感到不安，所以關注對方的狀況，當事情順利的時候為對方高興、感謝對方都很重要。

【如果你就是過度謙虛的人……】

在說出我辦不到之前，先告知對方自己做得到的範圍即可。「我可以做到這個程度。後面就要請您幫忙了」、「時間上有困難，請讓我延到其他日期」，並且提出其他替代方案，即使真的做不到，對方也會心想「那就沒辦法了」。

提出替代方案的重點在於傾聽對方的要求，說不定很簡單就能達成目的。千萬不要事不關己，而是要站在對方的立場思考。只要態度積極正面，就有很多方法可以達成目標。

「原來還是做得到啊！」小小的成功經驗能讓你累積成就感、提升自信，成為今後從事各種挑戰的基礎。

13 難相處的人——愛鬧彆扭的人

面對愛鬧彆扭的人只要聽他說話即可

以前我有個屬下，問她意見她總是說：「嗯……我覺得這樣不對吧？」很會挑別人的毛病，問原因她也說不出個所以然，只回答：「感覺是這樣……。」對後進也是百般挑毛病，整間辦公室都因為這個麻煩精而變得氣氛沉重。

和上司商量之後得到的建議是：「好好聽她說話。」她會一直挑毛病，應該不是事情本身有問題，而是平常累積很多不滿。因此，我若無其事地邀她一起吃飯，聽她抱怨的時候，她脫口而出：「我覺得只有自己不被認同。」

也就是說，她只是想獲得別人的認同，所以在鬧彆扭。然而，本人卻毫無自覺，一直藉由挑毛病來彰顯自我。偶爾聽她抱怨或讚美她，可以讓她心情好一點，只不過一個不小心，又會開始鬧彆扭。

沒錯，如字面所示，鬧彆扭等於執拗，而「拗」這個字就是幼稚需要用手捧著的意思。其實「想撒嬌」、「想讓別人了解自己」、「希望別人善待自己」，卻不好意思表達，也不想示弱，所以才會鬧彆扭。毫無自覺的鬧彆扭行為讓周遭的人感到混亂、煩躁，這種類型的人出乎意料地還滿多的。

譬如擺臭臉、沉默、不回信、因為小事突然發火，都有可能是鬧彆扭的行為。對丈夫或男朋友鬧彆扭，在談戀愛的時候很可愛，但是一直被牽著鼻子走耐心就會消耗殆盡，甚至會想告訴對方：「什麼嘛，想說什麼就直說啊！」然而，此時責備對方也無濟於事。

如果有人鬧彆扭，就當作對方發出「我想被愛」的訊號，傾聽對方說話吧。然而，當對方鬧彆扭鬧得厲害時，像對待孩子一樣，劃清界線告訴對方「不能再耍賴下去」也很重要。含糊地配合只會助長對方的氣焰，保持適當的距離或乾脆忽略確實是有其必要。

【如果你就是愛鬧彆扭的人……】

如果能了解自己的心情，「為什麼會鬧彆扭」、「原來如此，真令人難過」，多多少少能變得冷靜一點。向信得過的人傾訴或者透過和對方溝通，應該就可以解決很多問題。其中最好的方法，就是坦誠相對。

14 難相處的人——喜歡和別人比較的人

和其他人比較無法定義自己的幸福

總是拿別人和自己比較的人的確很麻煩。

「○○先生真好，相較之下我就……」聽到這種自卑的話，對方就會趕快接著說「你也很好啊」。話雖如此，聽到「我比○○還要幸運」之類自誇的話，心情也好不起來。

舉凡工作、收入、學歷、家庭、所有物都要一一比個「高低」，和擁有敵對之心的人相處，自己也會變成比較的對象，當然會覺得心情不舒暢。

然而，我們本來就習慣和別人比高低。鄰居的草皮總是比較綠，這是源自於想確認自己的地位、想處於優勢的心理作用。即便因為某個有信心的條件讓自己擁有優越感，只要出現技高一籌的人就會馬上變得自卑。不斷比較高低，心靈就沒有空閒休息。

事事都要和他人比較，除了疲累還會徒增煩惱。我以前也無法從不幸的循環中逃脫，後來我發現世界上並沒有人和人比較的標準，便從此不再比較、患得患失了。

譬如身高、年齡、畢業學校、年收等雖然可以比較，不過那也只不過是其中一個點，並不代表和一個完整的人做比較。有些人環境貧困，但很重視家人、每天笑著一起吃飯；有些人擁有財富，卻總是和家人爭吵不休，生活中充滿寂寞和壓力。

只看一小部分，不可能評斷一個人的好壞、幸福與否。人不能藉由和他人比較，決定自己的價值和幸福。

如果你周遭有這種動不動就和他人比較的人，只要記得這種比較沒有意義，隨他去即可。畢竟別人的評價是源自擅自判斷與偏見的結果。

【如果你就是愛和別人比較的人……】

與崇拜的人比較，會獲得成長的動力，人也會變得謙虛。如果心想「我和那個人有什麼不同？」會對人生產生正面影響，這樣的比較就有意義。

擁有自己的標準，認為我要是能做到這樣就滿足了，自然而然就不會去和他人比較。

15 難相處的人——容易受傷的人

與其變堅強，不如變溫柔

「最近的年輕人抗壓性都很低。稍微罵一下就意志消沉。感覺就像是在處理發炎的膿包一樣，好累啊。」這句話我聽過很多次，但其實在三十年前，我們這一代的人也被說過一樣的話。越年輕就越容易受傷，大家都會沒自信、會害怕，把別人說的話重重放在心上。

每個人多少都會受傷、意志消沉。即便是年紀增長，被罵的時候還是會想哭，也會因為對方的言行舉止而受傷。如果是個性纖細敏感的人，心裡難免會掀起一陣風浪。

不過，同一件事有人會傷得很深，卻也有人傷得淺。也就是說，受傷的程度之一，在於接受問題的方式。

容易受傷的人往往會把問題放大或複雜化，譬如因為失誤被責罵時，心裡想著「對方是不是很失望」、「為什麼我經常犯錯」、「我可能不適合這份工作……」，煩惱開始往各個方向延伸。

傷得淺的人會認為有問題很正常，接著去思考「修正錯誤的部分」、「注意下次不要再犯一樣的錯」，從已經發生的問題中接受自己需要改進的部分，然後盡快轉換心情。

如果周遭有容易受傷的人，偶爾提供幫助然後遠遠守護即可。不要情緒化地指責對方，簡單地說出「我希望你……」，也是和這種人來往的訣竅之一。

【如果你就是容易受傷的人……】

即便你心想「為了不受傷一定要變堅強」、「不要輸給對方」，其實也很難真的堅強起來。受傷的時候還是只會想到自己。

當你感到快要受傷的時候，馬上停止戰鬥。溫柔對待自己和別人，傷口就不會太深。就像在安慰好友一樣，告訴自己想哭就盡情哭，面對他人也請抱著「那個人或許也很煩惱」、「他說話的方式就是這樣」的想法，與其堅強不如溫柔以對，藉此療癒自己的心。

對方說出無心之言是對方的責任，請養成無視這些話的習慣吧。

第四章

成為「放得下的人」心理與行為的習慣

01 和忠於自己的人生、凡事放得下的人在一起就會覺得開心

自己想做什麼比別人怎麼想重要

「放得下的人」不但自己有福氣，相處起來也很開心。

譬如別人一句焦躁或尖銳的話、對人際關係上的問題、周遭的眼光或年齡、立場，放得下的人都不太會在意。即便發生什麼令人耿耿於懷的事情，只要和放得下的人在一起就會覺得輕鬆而安心。

放得下的人的思考方式和行動都很自由，和這樣的人相處就會覺得既興奮又開心，即便失敗也不會動搖，能持續前進，所以很值得信賴。此外，放得下的人還有以下優點：

1. 不會把所有事情都放在心上，壓力相對較小，能心情愉快地過生活。

2. 不在意周遭的雜音，專心做自己想做的事情，追求自己需要的滿足感。

3. 對喜歡的事情能抱著熱情挑戰，成功的機率也會很高。

4. 不只追求自己的自由，也認同別人的言行自由，不會過度干涉或依賴。

5. 容易招來自己需要的人、合拍的人。

真正放得下的人，並不是所有事情都沒放在心上，而是珍惜自己人生的每一天，所以選擇放下阻礙或不必要的東西。

放得下的人認為自己想做什麼比別人怎麼想重要。放得下、放不下就像是一種心靈的習慣，只要隨時提醒自己放下，就會漸漸養成習慣。

本章將介紹放得下的人的思考方式與行動習慣。剛開始請刻意嘗試看看，試著體會「什麼嘛，原來這樣就好了」的快感。屆時你一定能夠解放自我，找回原本的自己。

與人交往時，與其謹小慎微，不如放開一點，反而會覺得輕鬆愉快。

02 練習「放下」

學習放下的三個關鍵字

「如果一直執著於這種事，自己和他人都開心不起來吧。」即便一直這樣對自己說，人生總是會有過不去的關卡。

當內心處於已經被影響的狀態，不需要勉強自己否定。在此介紹自然而然就能放下的心理練習法。

我以前曾經被信任的朋友欺騙，受到很嚴重的創傷。我也想放下，但是只要想起這件事就淚流滿面，每天都在責怪對方和自己，甚至變得不相信人。當時，我一直溫柔地對自己說三句話，後來才漸漸放下了。

1. 這種事情一定放不下，但是沒關係。

光是承認自己放不下，心情就會變得比較輕鬆。也就是說，要認同自己真正的情緒：「雖然發生令人放不下的問題，但是這很正常。」然後告訴自己沒關係。不是告訴自己別在意或振作一點，而是沒關係，如此一來你就知道時間會解決一切問題。

2. 到底在放不下什麼呢？

下一步則是試著思考放不下的原因，你會發現心理殘留著「被背叛很難過」的情緒。了解原因後，自然就能發現「既然途中有遇到好事也上了一課，結果不算太壞啊」之類的解決的方法。

大家最在意的就是別人的眼光，當你因為「工作上失誤給同事添麻煩」覺得看不開時，就可以告訴自己「我只是想讓別人覺得我很能幹，但事實上還是有缺點，這也是沒辦法的事」。在意別人說自己的壞話時，也可以告訴自己「雖然希望大家都能喜歡我，但那是不可能的事」。

3. 周遭的人（或者對方）根本不在意你啊！

一定要告訴自己別在意周遭的人。沒有人會一天到晚想著別人的事，那只是我們的妄想而已。把看不開的原因寫在紙上也可以，不斷重複練習，看不開的事應該就會漸漸減少了。

03 對「憤怒」的情緒也能放得下

在心裡冒出「豈有此理」的想法時，提醒自己或許真有此理

放下憤怒很困難，但是仍有方法能讓人放下憤怒的源頭。

當我們對別人感到憤怒時，會認為「自己是對的」、「對方是錯的」。因此，焦躁、火大這些壓力一旦累積，就容易對小事或平常根本不會生氣的事情暴怒，認為「豈有此理」、「不可置信」。

每個人的潛意識中，都有「孩子就應該要這樣」、「晚輩就應該要這樣」、「父母就應該要這樣」等等，對自己有利的刻板印象。當他人超越自己的想像時，就會心生「豈有此理」一般恐懼和不安的情緒。

然而，「自己心中的正確性」或許本來就不一定正確。已經發生的現況當中蘊含著真實，了解自己的正確性並非絕對，就不會那麼生氣了。孩子不聽話、職場上的後進犯錯、年

老的父母很囉唆，其實都是很理所當然的事情。

首先，請試著提醒自己，以前認為豈有此理的事，或許真有此理。不論是在餐廳等很久的時候、上司提出無理要求的時候、丈夫不幫忙的時候，只要提醒自己或許真有此理，便能按狀況體諒眼前發生的問題。

不再對別人發怒，而是溫柔以待。然後，思考接下來該怎麼做。如此一來，就能平息自己的憤怒，放下這些問題往前邁進。請確實認知到，自己的選擇造就自己的情緒，責任在自己身上。

大家對於動不動就焦躁、暴怒的人，只會覺得對方器量小，相處起來也不愉快。能夠說出：「啊，難免也會有這種時候嘛。」個性靈巧的人，就能讓人安心相處。

有時候事情不順利、和他人意見相左，其實都很正常。每次都因此生氣，到頭來受傷的不是別人而是自己啊。

04 用「算了吧」卸下肩上的重擔

原諒是為了自己，不是為了對方

接下來，我要傳授大家一個能讓人放下的魔法金句。

應該很多人都有過這種經驗：男朋友約會遲到，還說了讓人聽不下去的話，難得的約會差一點就要陷入詭譎的氣氛之中。接著開始追究以前的事情，「你之前也沒遵守約定吧」、「未免也太自我中心了吧」。最後開始吵架，肚子裡的怒火，終於按捺不住了。

然而，執著於過去，就會失去現在和未來。無法原諒對方，你就會一直被對方支配。根據採取的態度，會決定最後是喜劇還是悲劇收場。如果能笑著說：「算了，去吃點好吃的東西吧。你遲到了，所以要請客作為懲罰。」不只對方會鬆一口氣，自己也能轉換心情，度過愉快的時光。

原諒是為了自己，而不是為了對方。「算了吧」這句話可以讓自己變輕鬆，即使乍聽之下很隨便，卻是能讓人充滿活力、不可思議的一句話，因為這句話表示「雖然有不滿意的地方，但還是接受並繼續往前走吧」。

其實自己才是對自己最嚴厲的人，「犯那種錯真的是不可置信」、「我真的糟透了」不只追究昨天、今天的過錯，連很久以前的事情都會拿出來說嘴，甚至後悔「當時我為什麼……」，耿耿於懷到陷入自我厭惡的地步。

明明沒有人記得，也沒有人責怪自己。這時就要對自己說魔法金句：「算了吧。」對過錯耿耿於懷，只會消耗自己的精神。比起過去，接下來更重要。

「雖然失敗了，但算了吧。再重來一次就好」、「雖然被上司罵，但算了吧。反正也學到一個教訓」。像這樣說出一句「算了吧」，自己和周遭的人都能卸下心中的大石。

人生中並不會遇到太多刻骨銘心的事情，大多數的狀態下都可以用「算了吧」輕輕帶過。一直耿耿於懷「不可原諒的事情」不只浪費時間，甚至會浪費人生，一定要特別注意。

05 他人的評論不用概括承受，左耳進右耳出就行了

太在意他人的評價反而會迷失自我

放得下的人不會受到他人的評價影響。

我在二十幾歲的時候，總是覺得很不平衡，心想：「我都這麼努力，在公司內部也有一點小成果了，應該要獲得更好的評價才對啊！」然而，我在某個時間點才意識到，其實抱持這種想法很危險。

被別人認同就會開心，不被認同就感到失落……如此重複下去，會一直無法擺脫不安和不滿，心靈也會漸漸生病，而且還會開始遠離自己想做的事情。

「今後別人怎麼評價我都無所謂，盡情享受想做的事情和手邊正在做的事情吧。」像這樣下定決心之後，有趣的是工作和人際關係都變得很順利，周遭對我的評價也變得更好。因為沉浸在自己想做的事情上，自然而然就會湧現力量，人也會隨之成長。最後我也發現明明

別人沒說什麼，其實是我自己一直找自己的麻煩。

別人的評價是別人擅自判斷的結果，不可能會符合自己的期待。譬如自己覺得已經很努力，而滿足於現狀，但周遭的人卻不這麼認為；反之，也有可能意外獲得很好的評價。就算被稱讚也不自滿，被批評也不失落，面對他人的評論不用概括承受，左耳進右耳出就行了。話雖如此，要做到不在意他人的評價其實很困難。

人只要活著就擺脫不了別人的評價，實際上我們的確會因此注意到重要的事情。然而，「在自己的道路上前進」才是最重要的事。如果他人的評價變成人生道路的指標，反而會讓人搞不清楚本來的路線，最後只會迷失、遭受挫折。

評價是事情過後才會出現的東西。如果其中有什麼值得記取的教訓，留下收為己用即可；反之，如果沒有什麼價值，只要心裡知道「原來別人這樣想啊」，聽聽就算了。

真正應該注意的並非他人的眼光，而是自己有沒有充分做好自己想做的事。只要過著滿足自己的人生，自然就會對旁人溫柔以待，也能招來相處愉快的人。因為我深刻了解，即便刻意繞遠路，終究還是避不開他人的評價。

06 別為了小事大吵大鬧，請成為「不動如山的人」

任何人都能讓心靈變得寬廣

我們經常會一個不留意，就把稍微冷靜下來就能解決的事情鬧大。

如果對工作上的一點小失誤或小麻煩、人際關係上的問題都過度反應，自己和周遭的人都會精疲力盡。比起為了小事大吵大鬧，大家都想和能不動如山、冷靜思考「沒關係，總會有辦法的」的人相處，因為這樣的人感覺很可靠。

不動如山的人懂得冷靜思考現況然後再行動，就像長年聳立的樹木，無論下雨、地震都默默承受，淡然地長出綠葉並開花。要成為不動如山的人並不難，只要坦然接受各種事物就能開闊心胸，心胸越寬廣，就越不會為了小事而動搖。因此，當你覺得內心動搖的時候，不妨這樣想：

1. 從過去的經驗和想像推測「總會有辦法解決」

累積長年經驗、有過嚴苛經歷的人，不會為小事而慌張。因為經驗告訴他「總會有辦法解決」、「以前也這樣撐過去，所以沒問題」。如果沒有這樣的經驗，也別負面想像，告訴自己「總會有辦法」即可。如此一來，就能判斷現在應該怎麼做。

2. 將錯就錯，告訴自己「只能這樣了」

事情不可能都按照自己的意願進行。抱著將錯就錯、只能這樣的覺悟，就能卸下心中大石。此時只要徹底執行盡量去做自己能做的事情即可。

3. 把大事化小，告訴自己「這個程度的話沒問題」

我在遇到問題時，會告訴自己「反正死不了」、「還好只壞到這個程度」。雖然這種想法有點狡猾，不過藉由把大事化小，就能冷靜下來面對眼前的問題。

要選擇哪種方法因人而異。簡單來說，就是要把擔心、後悔等多餘的情緒降到最低限度，把精神集中在目前能做得到的事。累積冷靜的習慣之後，你也能成為不動如山的人。

07
「差不多」、「適可而止」會衍生出很多快樂

對自己的要求落在七十分左右即可

放得下的人通常都懂得什麼時候該適可而止。

很久以前，曾經流行過「五點過後就會變成真男人」的廣告。明明上班時一點幹勁也沒有，但是一下班就變成一條龍，充滿活力到處玩樂，這樣的上班族角色非常適合以隨興為個人特色的藝人，看起來充滿魅力。

這種放鬆的男性，無論年齡都容易親近又有幽默感，不會讓人討厭。而女性無論在工作或家庭中，如果也能適度玩樂、擁有自己的嗜好，相處起來也會很愉快。

乍聽之下適可而止感覺具有負面意義，但在工作和玩樂上都適可而止，不僅讓人放鬆，還能產生幽默感、讓話題更豐富，更有餘裕聽對方說話。

尤其是在育兒或照護等辛苦的狀態中，更要懂得適可而止，否則身體會吃不消。只要了

解適可而止的重要性，就能持續保持笑容。

我們在工作和家庭中，總感覺要認真做到最好，只不過要是太過認真，就會把自己逼上絕境。你身邊是不是有這種人呢？太過認真，導致心靈生病，反而看不見其他重要的事情，感覺自己每天都過著無聊的日子。

比起認真生活，我們的人生應該更想追求快樂生活吧。要不要試著把對自己的要求放在七十分左右就好？

適可而止的人凡事不會想得太複雜，而是簡單、樂觀看待人生。不會被小事迷惑、了解事物的本質。因此，在工作上也能輕鬆去做別人不想做的事，用「總會有辦法」的感覺提出大膽的提案。就結果而言，凡事適可而止的人反而在工作和人際關係上可以維持得更長久。

擁有工作和家庭以外的自我社群也很重要，有這樣的社群，才能意會到自己在狹小的世界裡苦惱，或許意外地能因此切割這些煩惱。

若是覺得自己能待的地方只有這裡，人際關係也會變得狹隘。當你感到煩惱時，就告訴自己差不多就好，提醒自己適可而止，周遭的人也會鬆一口氣。抱著放鬆的心情，才能度過美好人生吧。

08

對他人的體貼，差不多就好

彼此都不需要太過費心，才能長期交往

去別人家玩，通常之後「會讓人想再去」的，都是不需要太費心的人家。

就像前陣子我在寄宿家庭待了一週，他們的客廳裡有孩子隨手脫下的衣服，打掃也很隨便。我就這樣加入日常的晚餐，肚子餓了就自己倒茶、吃冰箱裡的食物。這種放牛吃草的程度剛剛好，最後我和這一家人也變得親近，甚至還想再多待幾天。

反之，做好各種準備招待我的家庭，雖然很令人感激，但是難免會覺得精神疲勞。一想到對方應該準備得很辛苦，就會覺得很不好意思。

同事、朋友也一樣，能相處得長久、舒心的人通常在見面時都不必多費心、說話也能直言不諱。我認為這些人並不是天生就不懂得費心，而是為了不讓對方掛懷，刻意營造出這樣的氛圍。

如果讓對方感覺到自己很費心，對方就會繃緊神經。當然，自己也會很累。所以不過度費心非常重要，對彼此而言這樣才能放鬆，保持適當的距離。

然而，一定也有人因為太過費心而筋疲力盡，認為和別人交往好麻煩吧？令人疲勞的因素有「想讓對方高興」、「想讓對方感覺到自己的恭敬」等各種類型，但大多都是因為「想讓對方有好印象」、「不想讓對方覺得自己……」，而養成保護自己的心理習慣。也就是說，這些行為是在要求自己做平時不會做的事情，所以才會感到疲累、痛苦，就像單人相撲一樣。

當太過費心令你感到疲倦，就是在提醒自己踩剎車：「暫停！不需要做到讓自己精疲力盡的程度」。這時就該重新審視待人接物的方式，或是自己的人際關係了。

試著轉變態度，隨心所欲就好。當你的行為舉止回到自己的風格之後，人際關係也會往好的方向改變。屆時你應該會覺得「為什麼以前這麼多慮呢」，如果你還是沒辦法放鬆，和別人來往時可能就需要保持一點距離。

總而言之，自己輕鬆最重要。我們就把目標放在建構露出快樂笑容的人際關係吧。

09 施恩不望報

不要期待對方的回報，想做就去做

我在台灣生活的時候，最感動的就是周遭的人不求回報的親切。大家不會像買保險或是儲蓄一樣，期待有所回報。

在有困難時幫助我、提供我需要的物品、任何時候都歡迎我在家裡過夜，大家毫不保留的親切待我，卻從來沒有人說過：「我對妳這麼好，妳竟然……。」

東日本大地震時，全世界個人捐款最多的就是台灣，卻從來沒有人說過日本的謝意不足。我曾試著思考，為什麼台灣人總是用「GIVE&GIVE」的角度思考、不求回報呢？我想一定是他們認為「要是對方很高興的話就心滿意足了」、「可以為別人做些什麼很值得驕傲」，在自己的心中已經畫下快樂的句點。

另一方面，從別人那裡得到的恩惠，他們反而會記得很清楚。有個孩子把我給他的一點壓歲錢，放在藏寶盒裡保存好幾年；到鄉下去玩的時候還有人告訴我「戰前受了日本人的幫助」，為了報答這個好久以前的恩惠而請我吃飯。

這就是施恩不望報、受恩不忘報，充滿感謝與喜樂的生活方式，只要能抱著這樣的心情，自己和周遭的人一定都能幸福。

然而，在日常生活中只要沒有特別留意，我們就會走向施恩望報、受恩忘報，充滿不滿與憤恨的生活方式。譬如「幫了那麼多忙，結果對方竟然不肯為自己做一點小事」、「請對方吃飯，結果對方竟然一點也不感謝」，像這樣執著於施予別人的恩惠，就是施恩望報的表現。

原本出於親切的善意施予對方的恩惠，最後卻變成恨意傷害自己。如此一來，等於是用自己播的種，讓自己陷入不幸。

平常就把「我都幫了那麼多忙了」掛在嘴邊、希望別人感恩戴德的人，周遭的人應該都會感覺到壓力而主動遠離，身邊的人會越離越遠。

那麼，該怎麼做才能建立起平穩的人際關係呢？

比方說，對別人親切時，要提醒自己「想做就去做，之後就忘得一乾二淨」。如果覺得「我都幫了這麼多忙，他竟然還……」，那麼打從一開始就不要出手。最後，在接受到別人恩惠時，一定要盡全力表示感謝。

原本「為別人做些什麼」，是最幸福的事情。給予別人恩惠時抱著「我自己也心情很好，真是太好了」的想法，就能輕鬆給予或接受別人的恩惠。如此一來，自然而然就會吸引更多人到你身邊。

10 別接收他人的「惡意」

不需要用心去感受別人的惡意

我有一個朋友，從國中時代開始就一直被霸凌。然而，她自己完全沒有發現，過了二十多年，才從以前的同學那裡得知真相。

「嚇我一大跳！當時的確有過室內鞋不見、筆記本上被亂畫之類的事情。不過我一直認為那只是同學在調侃我，完全不覺得那是霸凌。反而還覺得那時候很受男生歡迎，國中時期過得很開心呢。」

或許受男生歡迎就是她被霸凌的原因，但無論原因為何，我認為她是一個非常幸福的人。因為她完全沒有發現周遭的惡意，所以不曾受傷，也沒有憎恨何人，只留下美好回憶。

我們在變成大人之後，別人稍微說了一點譏諷的話就容易過度敏感，為此耿耿於懷、煩惱不已，心想「我到底哪裡不好」、「我被討厭了嗎」。不過，先不說其中可能真的有為自己著想而提出的忠告，其實很多時候，問題出在對方「希望被認同」、「工作太忙導致很煩躁」。

因此，傷害別人的惡意，只要當作沒發現跳過即可。只要不認真看待惡意，就不會被傷害。話雖如此，也不可能完全無視，所以只要假裝聽就好，並不需要真心接受。無聊人士的壞話、抱怨，不平之鳴、不滿亦如是。

另外，這些對話之中，可能會和聽聽就好、充滿惡意的內容混在一起，像是：「這個部分如果仔細聽，對今後的工作和成長有幫助。」假設前輩說：「你動作太慢了。前一任的○○先生處理速度就很快。」對於「動作太慢」這點應謙虛接受，但「前一任的……」這一段只是傷人的挖苦。或許對方也在後悔「怎麼不小心說出口了」，所以我們只要擷取自己需要的部分繼續對話即可。

如果想要保持愉快、舒心的人際關係，自己對別人就不能抱有惡意。為了做到這一點，必須懂得拒絕，而且不使用充滿惡意的言辭。

語言蘊藏著力量，時常影響我們的心靈和身體。請謹慎選擇自己說出口的話，以及從他人身上接收的詞彙。

11

決定「放下」之後就會變得很輕鬆

精神集中在眼前的一件事情上

所謂的「正念療法」，就是把注意力放在當下這個瞬間，不被思考和情緒影響的自我體驗療法，也是目前頗受矚目的壓力消除法。我偶爾會採用正念療法的「冥想」。

冥想很簡單，只要閉上眼睛自然深呼吸，深深吸氣讓意識集中在身體的膨脹和收縮。

在冥想途中有時會冒出「那個工作還沒完成」、「得聯絡〇〇先生才行」之類的各種雜念。這時不需要制止自己去想這些事，只要想著自己是「當下來到這裡」的訪客，再度深呼吸慢慢找回自己的意識即可。

不知道是不是冥想的效果，我變得能在生活中專注於一件事情並且冷靜處理。平常我都放任自己天馬行空地想像，但工作或玩樂時，若覺得多餘的思考和情感好像快要擾亂自己的心，我就會告訴自己「現在不要管這些事」，再度把意識放回眼前的事情上。

現代生活中充斥大量資訊與各種課題，如果被這些事情影響，就無法把精神集中在當下正在做的事，身邊的人也會連帶受到影響。假設你和友人或戀人一起吃飯，但對方一直在想工作顯得心不在焉，而且還一直看手機，豈不是很沒趣。甚至你會很想告訴對方：「現在需要想這些事嗎？」

當下最重要的就是一起吃飯聊天，盡情享受相處時光。對未來的不安、對過去的後悔、對人的耿耿於懷和焦躁等擾亂心神的事情，一旦決定放下，整個人就會變得很輕鬆。所謂的決定，就是為自己的行為與情緒套上一定的框架。無論誰說什麼，只要決定放下，就能成為如自己所想的人。

試著宣示：「我決定無論誰說什麼都要放下」，或許從此就能過著舒暢的日子。「決定不用負面的詞彙」、「決定不找藉口」、「決定不再後悔」，如果你想成為這樣的人，只要有系統地果斷決定即可。

一旦決定，你就能瞬間從悶悶不樂、煩悶焦躁的情緒中解放，並且專心面對現在必須做的事情了。

12 不在意社會大眾的要求

不需要追求完美，追求自己喜歡的事情即可

讀時尚雜誌的時候，除了龐大的資訊量之外，我還感受到女性被賦予諸多要求。

比方說，以流行服飾和彩妝打扮自己的時尚女性、定期上瑜珈課和健身房的健康女性、擅長派對料理和便當的巧手女性、工作和人際關係都一帆風順的幹練女性、以女朋友或妻子的身分獲得寵愛的女性……。然而，世界上真有這麼完美、靈巧的女性嗎？

實際上，不回應社會的各種期待也無所謂。做不到是理所當然的，大多數的人都沒那麼厲害，而且應該也沒有多餘的時間、金錢、精力做那麼多事。

與其勉強做不拿手，或是只能做到和別人差不多程度的事，不如徹底做好自己喜歡的事情，這樣才更幸福。因為喜歡的事情不需要刻意努力就能自然沉醉在其中，也是讓你發揮才能的關鍵。

一個人不見得只喜歡一件事，很可能同時擁有很多嗜好。譬如喜歡料理的人、喜歡登山的人、喜歡語言的人、喜歡工作的人、喜歡打造居家空間的人、愛家的人。

只要徹底了解自己的喜好，就容易抱著「其他的就無所謂了，我不在意」的想法。對人也一樣，只要有幾個重視的人、喜歡的人，應該就可以劃分出「其他無所謂」的部分。

堅持去做喜歡的事情，看起來總是快樂而充滿魅力。即便其他部分做得不好，反而能讓人感受到獨特的魅力。即使興趣、嗜好不同，一起相處也能感覺到對方開朗的能量，因此互相激盪、建構彼此尊重的關係。

訂好「我只要有這個就夠了」的優先順序，能夠消除很多煩惱。什麼都想要，最後反而會得不到真正想要的東西。請藉著這個機會，再次確認自己真正想要的是什麼。

第五章

「充滿魅力的人」有其原由

01 充滿魅力的人看起來總是很快樂

快不快樂都是自己的責任

大家都想和有魅力的人相處，所以本章我想試著介紹哪些人會讓人覺得充滿魅力。

說到有魅力的人會讓人聯想到外表時尚、擁有獨特氛圍、知識豐富、值得信賴等各種類型，不過我認為無論男女，快樂過生活的人最有魅力。

譬如我最想一起工作的對象，其實就是樂在工作的人。假設是編輯，就是會徹底講究「這一句最好用不同的方式呈現」，像這類沒有人注意的部分，或者眼神閃閃發光地說「希望有天能夠編一本這樣的書」之類的夢想，像這樣有熱情又快樂的人，總是非常吸引我。

不只工作，快樂做料理、快樂帶孩子，享受每天生活的人，即使是不同年齡層、不同工作領域，我也會想和對方交朋友。此外，在艱困的狀況下仍然保持開朗、享受人生的人，更讓我尊敬，並且深深感受到對方的魅力。

快樂的人擁有強大的生活能量，或許他們也是用快樂、開心的事情填滿心靈的人，就像在陰暗的心裡吹進一股暖風一樣。也就是說，總是保持快樂的人，並不是因為有快樂的事情才快樂，而是他們擅長讓自己快樂。

我曾有一段時間覺得「感受什麼是快樂」並不重要，而把眼光放在「什麼對自己有利」，處處計較得失，並以此為本選擇了我的人生。但當時的我並不快樂，想必身邊的人也不快樂吧。

因為認真做事仍經常失敗，所以我乾脆放棄，決定「試著做做看讓自己覺得興奮、開心的事情」、「不喜歡的事情就試著用心享受」，當我開始追求快樂，很多事情都開始好轉。最後，我確信快樂的道路才是讓自己閃閃發光的正途。

先告訴自己快不快樂都是自己的責任，從這個角度想，或許會令你意外地發現輕鬆快樂過生活的方法。

02 充滿魅力的人會專注在快樂的事情上

小事情也要試著說「難得有機會……」

住在附近的小M是我的青梅竹馬，她在二十出頭的時候相親結婚了。她第一次見到對方是在相親的宴席上，第二次見面是因為訂婚，第三次見面就在婚禮現場。她以如此驚人的速度結婚，而且還嫁到遙遠的城鎮。

雖然小M說：「因為對方看起來人很好啊。」但這種速度簡直就像瞬間買新車一樣，我還很擔心：「她會不會是一時迷茫才決定嫁人？」

在那之後經過三十年，歷經孫子誕生、持續一樣的兼職工作二十年，小M依然每天都過得很開心。每次見面，我都可以感受到一股氣勢，一種像是安全感的柔軟魅力。小M持續守護重要事物的力量讓我肅然起敬。

一開始雖然簡單，但要持續下去真的很困難。因為若是把目光集中在辛苦，而非快樂和開心，就無法順利堅持下去。

雖然和這個故事完全不同次元，但我在寫這本書的時候真的深有所感。如果我只是被截稿日追著跑，在艱辛的狀態下書寫，最後一定會自取滅亡。

我想要一直保持喜歡書寫的感覺，所以反覆讀自己最喜歡的書、追蹤有興趣的主題、有時和讀者交流，我透過各種方法讓自己開心寫作，保持喜歡的心情。這或許是來自「難得有機會能寫」這樣簡單的初衷，「難得有機會」這句話會讓負面心理轉為積極正向。

珍惜重要的事物、想把事情做得更好時，這句話也很有效。難得擁有家人、難得拿到想要的工作、難得有機會住在這裡，還有最重要的是，難得有機會擁有生命。

「難得」這個詞彙代表對難能可貴的幸運致上謝意，以及重視這個機會的心情。

即便是小事，我也會像念咒語一樣說出：「難得有機會……。」像是「難得天氣好，出去散步吧」、「難得要下廚，就來做點不一樣的」、「難得要出門，來打扮一下好了」。

我相信像這樣珍惜每個機會享受所有事物，就是踏出讓自己和旁人都快樂的一大步。

03

充滿魅力的人不會說自己「好忙」

保持心靈的餘裕非常重要

明明很忙卻不會說自己好忙的人，會讓人感覺充滿魅力。

比起直喊自己好忙的人，大多數人都想和實際上很忙卻不會掛在嘴邊的人交朋友，和這樣的人相處一定很開心。因為問題不在時間，而在心靈有沒有餘裕。

我有位朋友是從早忙到晚的女醫師，她曾說：「說自己很忙好丟臉。明明大家都很忙，而且忙也不能當成無法做某件事的藉口不是嗎？」她在工作、帶小孩之餘還學語言、運動，甚至去旅行，看她一一實現自己想做的事，總是讓我獲得滿滿正能量。

聰明的人知道「忙」這個詞如字面所示，具有讓心死亡的力量。他們知道這樣說會把自己逼上絕境，使焦慮和焦躁變得更嚴重，旁人開始漸行漸遠，自己也可能傷害他人。

所以保持心靈的餘裕非常重要，心靈有餘裕就能享受每一件事。不要把自己的苦衷推到別人身上，懂得傾聽、善待旁人。除了「不要說自己很忙」之外，想要保持心靈的餘裕，不妨養成以下幾個習慣：

1. 一天一次，保留自己的時間

不要整天與人接觸、忙得團團轉，保留十五分鐘感受真實的自己，保留時間去做喜歡的事情，就能產生心靈的餘裕。

2. 五分鐘能做到的事情就馬上去做

把事情放著不管或是往後延，心裡就會掛記著還有一件事沒做。處理好一件件小事，就會讓心靈更有餘裕。

3. 不做也無所謂的事情就別做了

說自己好忙的人，大概有百分之百的事情都是自認為應該要做。對於客觀來看不做也無所謂的事情，就該放手或者降低難度，這一點很重要。

人在焦急的時候呼吸就會變得短促，因此感到忙碌時，不妨先養成深呼吸的習慣。請記住，心靈有餘裕才能有最佳表現。

04

充滿魅力的人不會和別人比較

用自己的標準思考，事情會比較順利

我認為不和別人比較，是充滿魅力的條件之一。

雖然比較本身並不是一件壞事，正因為想要變成那樣，而比較對方和自己有什麼不同，有可能成為自己的動力。

只不過凡事都要和別人分出勝負、高低，不只心靈無法休息，也會一直處於沒有自信的狀態。不和別人比較，保持自己是自己，別人是別人的態度，才能找到並且發揮出自己真正的價值。

蘋果的創辦人賈伯斯曾說：「想追求一位美女的時候，競爭對手送十朵玫瑰花，你就跟著送十五朵嗎？當有這種想法，就表示你已經輸了。不論競爭對手做什麼都與你無關，重要的是了解這個女人真正想要的是什麼。」

這句話不只傳達出，我們必須提供對方需要的東西，也是在告訴我們另一個重要的教訓——應該要用自己的標準生活。

別把眼光放在其他人怎麼做，而是尋找「自己能做什麼」、「自己適合什麼方法」，藉由關注自己的內心，徹底發揮自己的魅力和能力。

還有另一個例子，假設一位女性升上主管，試圖用男性的觀點思考、用一樣的方式凝聚團隊，最後也不會順利。從女性獨有的角度提出方案，以女性的溫柔守護團隊，用自己的標準思考才更能發揮力量。比方說：

1. 看到別人的長處和成功，要懂得由衷讚賞。
2. 每天一次，讚美自己完成的事情，感謝發生在自己身上的事情。

每一個人都各自有優點，只要養成習慣切割自己和他人，就能持續追求成長與幸福。我們都是自己人生中的主角，同時也是導演。懂得愛自己、打造出適合自己的戲劇，故事中的主角才會充滿魅力。

05 充滿魅力的人總是謙虛

謙虛的人會變得越來越好

無論任何年齡、地位，謙虛的人總讓人覺得充滿魅力。

長年以來一直受到歡迎的藝人、演員，他們的共通點應該就是謙虛吧。即便他人讚美自己的實力，也會謙稱都是托各位的福，大家一定會想支持這樣的人。

另外，無論對方擁有什麼樣的地位、名聲、學歷，都會積極從對方身上吸收新事物，這也是一種謙虛。

其實這代表他們相信自己，認為自己還有很多事情要學習，所以才會持續成長，而且能客觀看待自己、思考方式也很靈活。

尤其是胸懷大志的人，更懂得傲慢的可怕，所以會堅持「越成熟越飽滿的稻穗，頭垂得越低」的謙虛態度。

所謂的傲慢就是自以為是，這種態度不但讓人無法成長，也會害你聽不進別人的意見，就像穿著國王的新衣一樣。謙虛就是隨時抱著對他人的感謝與學習的態度，因此，周遭的人會感受到魅力，相處起來也會覺得很愉快。

那麼，謙虛的人有哪些共通的習慣呢？

其中最重要的就是重視、尊重他人的習慣。具體而言是指：

1. 仔細傾聽每個人說的話，有錯就坦率道歉

謙虛的人接受好話也接受批評，有錯就坦率道歉。因為了解自己需要別人的意見，所以能夠冷靜聆聽。

2. 口頭禪是「托您的福」、「謝謝你」

謙虛的人懂得重視身邊的人，因為他們知道正是多虧了旁人的協助，自己才能夠站在這裡做某些事，所以總是不忘感謝。

3. 對任何人都確實打招呼，盡量用尊敬的語氣說話

謙虛的人之所以能和周遭的人建構良好的關係，是因為他們總是設身處地體貼對方。如果你說話得體，對方也會用一樣的方式對待你。

重視別人就等於是重視自己。

謙虛的人總是會覺得很有新鮮感，因為他們接納別人的意見和幫助，持續進化成更好的人。所以謙虛的人也可是說是擁有強韌生命力、非常堅強的人。

06 充滿魅力的人會寬恕別人的失敗

懂得寬恕的人會有莫大的福氣

工作上有人失誤、朋友無法遵守約定、和家人有點誤會的時候，不去責備對方「這樣我很困擾耶」，而是告訴對方「沒關係，不是什麼大問題」。像這樣懂得寬恕的人，會讓人感覺胸襟開闊。

我以前曾經弄錯造訪朋友家的日期，當時對方似乎已經做好菜等我，卻仍然對不停道歉的我說：「這種時候道歉的人比較難受呢！我就當作是事先彩排，別放在心上。」

我給她添了麻煩，她竟然還為我著想，讓我的眼淚都快要流下來了。同時我也深深覺得「我一定要繼續和這個人當朋友」、「我也能成為心胸如此開闊的人嗎」。

反之，無法寬恕她人失敗的人，總是擺脫不了因為對方而吃虧的心情。這種情形並非無法理解，因為我們習慣在對方做錯事的時候，總是希望對方能彌補造成的損失。

然而，責備對方或者要求對方道歉、彌補，只會讓人充滿毫無助益的焦躁與憤怒，結果吃虧的還是我們自己。能夠寬恕他人失敗的人，懂得放下這種讓自己痛苦的習慣，也懂得不去注意別人的失敗、不在意這些事。

與其說是原諒對方，不如說是為了彼此而放下重擔，告訴自己「其實也沒什麼關係」。實際上，能夠這樣寬恕別人的人，不但不會吃虧，還大有好處。

首先，發現自己的負面情緒並懂得喊停，思考「那接下來該怎麼辦」，接受並解決現實問題，就能面對現在和未來。

寬恕他人能使侵蝕自己的負面情緒消失，心靈和身體都會充滿活力。也就是說，無論是對別人或自己都能溫柔以待。此外，旁人對自己的評價也會變好，不只讓人感覺你有情有義，也會對你有胸襟寬廣、理性思考的印象，以後一定會備受周圍的人信任。最大的優點就是會在無意之中，提升自己的評價。

跨越負面的情緒，做到寬容待人就是一種成功經驗，而這種經驗會成為潛意識中的自信，形塑出你的人格。

請對他人的失敗睜一隻眼閉一隻眼吧，因為這麼做心情一定會變好。

07

充滿魅力的人曾經歷低潮

請和從不放棄的人聊聊吧

人生有起有落，經歷過大風大浪的人，總是能讓人充滿活力。

我想採訪的對象有很多，像是從事有趣工作的人、不起眼但是很享受自我人生的人、擁有完全不同價值觀的人，其中如果有曾經歷低潮的人，就會讓我無論如何都想見上一面。

當然也會有人持續低潮，但是直覺告訴我，這些人大多都會從谷底崛起，上演漂亮的人生大逆轉。這樣的人一定會不斷成長，而且能為他人帶來莫大的能量，因為他們的生活態度和實際體驗，比任何語言都更有說服力。

年過半百仍然十分耀眼的人，難免會有一、二次跌落谷底的經驗。經歷過辛苦、煩惱的人一定也曾經緊握希望，埋頭向前行，藉此學會自己解決人生中的問題。這些人會讓我們察覺，平時自己認為理所當然的幸福。

我見過充滿魅力的人之一，就是有「全球最窮總統」之稱，烏拉圭前總統穆西卡的夫人露西亞女士。她不只擁有前第一夫人的頭銜，現在還是烏拉圭最受歡迎的國會議員。

然而，她的前半生非常波瀾壯闊。年輕時她因為強烈正義感，而加入反政府的游擊組織，直到四十歲為止，有將近十三年的時間都在刑訊和牢獄之中度過。

露西亞女士之所以能吸引這麼多人，不只是因為她不屈不撓的精神，更是因為她帶給大家希望。她的存在就是告訴大家：「無論任何處境，一定都能從谷底翻身。」實際上見到露西亞女士本人之後，我覺得她非常穩重、充滿慈愛，兼具不為小事動搖的強韌與體貼他人的溫柔。而且她還告訴我：「人生非常美好，盡情去做想做的事吧。」

人生有起有落，就像山峰和山谷一樣相連，有高峰才有低谷，人生因此而更加豐富。沒有人喜歡跌落谷底，然而這些經驗是否能變得有意義，端看你怎麼想了。堅持不能在這裡結束，繼續前進下去，有朝一日你一定會心想因為有低潮才有現在的自己。

為了讚頌僅此一次的人生，請淡然地跨越這些高峰和低谷吧。

08 充滿魅力的人善於等待

「抱著半分期待」才是成熟大人的等待方式

擅長等待的人充滿魅力。能等待的人、等不了的人，過去的我算是後者。如果我是能等待的人，應該就不會做超過五十種工作，而是靜靜待在原地，等情況好轉。

等不了的人總是想盡快排除問題，如果不做點什麼就無法安心，所以這樣的人會因為焦躁而誤判現在需要做的事情和時機。縱使人生不會因此後悔，但是好幾次都因為等不了而做出錯誤的判斷。

一位從事一般行政職的朋友，一直期待有朝一日公司會拓展到海外，所以學習英語會話長達十年以上，最後順利升職成為常駐海外的員工。他說：「好幾次都想放棄，不過當初有耐心等待機會真是太好了。如果再拖個一年狀況沒改變的話，我說不定就換工作了呢。」這完全就是等對了啊。

戀愛中也有能等待的女人和等不了的女人。等不了的女人會因為「他都不聯絡」、「他都說自己很忙不能見面」，而陷入不安、責怪對方。不只會讓人覺得厭煩，大多數的情況下最後都自爆：「我再也等不下去了！」

另一方面，說出「我會一直等著你」的女人乍看之下堅強，卻也讓人感覺沉重。畢竟如果等得太辛苦，最後還是可能會責怪對方。抱著半分期待，才是高明的等待方式。

所謂的等待，就是耗費在對方身上的時間。等待的期間做些自己喜歡的事，把時間挪一半在自己身上，才能沉住氣等待。無論結果如何，心裡都會有餘裕接受。

千萬不能認真思考等待這件事，也不要盡全力去等。有時候只要稍微等一下，各種問題的狀況就可能改變，急著解決反而會讓問題惡化。像是人際關係的問題，經過一段時間再談可能就會比較和緩，如果想要馬上解決，反而會把事情搞得很複雜。或是養育孩子如果不能耐心等待孩子成長，就會感覺焦躁、煩惱。

懂得等待的人，總是能以開朗的情緒相信對方和自己。我認為輕鬆愉快的人，一定都充滿魅力也擅長等待。

09 充滿魅力的人善於「用自己的話表達」

用自己的話表達時的三大關鍵字

懂得用自己的話表達的人充滿魅力。

譬如用社群媒體來傳送慶生訊息時，像是「生日快樂」、「祝你有美好的一年」這些常套句中，最吸引人目光的就是具有個人風格的文字。

雖然生日快樂這句話非常普通，但是看到照片上兩個好友拿著寫有生日快樂字樣的牌子露出笑容，真的很令我感動。

還有知道我以前黑歷史的朋友，突然傳訊息給我：「聽說你出生到現在心臟都沒有停止跳動，真是太厲害了！雖然有好幾次都差點沒心跳就是了。」讓我看到訊息後差點爆笑出聲。

像這樣能夠用自己的話表達的人，總是充滿魅力，讓人可以感覺到和對方心意相通。其實自己的語言、自己特有的表達方式，並不需要想得太難。

其實，也不需要特別說什麼漂亮或機智的話。

無論是對話、訊息、演講，在各種場合中，想用自己的話表達需要注意三大基礎：

1.「告知」和「傳達」是不一樣的兩件事

只是告知，無法把自己的心情傳達給對方。想想「該怎麼說才能讓對方了解」，試著站在對方的立場思考很重要。

2. 養成習慣，思考如何讓對方開心

傳達心情比借用別人的話更重要。譬如工作上的信件，開頭總是會說「平時承蒙您照顧」，這種作法只是徒具形式，讀的人很容易跳過。只要加上「今天天氣很不錯呢」之類的話語，就會有和緩心靈的效果。

在傳達某些訊息的時候思考「如何讓對方開心」，就是一個基準。只要持續思考「有什麼適合的語言？該如何呈現」，表達方式就能更加豐富。

3. 坦率地傳達「情感」和「情緒」

假設要表達謝意，除了「謝謝」之外，還可以加上「我真的很開心」、「有你真好」等傳達情感的一句話。

下班時，除了「辛苦了」之外，多加一句「今天好忙，不過總算處理了大半」，像這樣懂得傳達心情的人，會令人更有親近感。

只要能夠用自己的話表達，一定會讓周遭的人對你另眼相待。

10 充滿魅力的人懂得享受充滿自我風格的時尚

最重要的是靈活運用自我「風格」

雖然說人不能看外表，但外在和氛圍等印象，卻是讓人看起來充滿魅力的重要元素，因為從外表就能感受一個人的想法和志向。

每次出國我都會遇到讓我覺得「天哪，好帥氣」、「好美」的熟齡女性。譬如全身穿著同色調的服裝搭配一抹紅唇、寬鬆的白襯衫搭配粗獷的石頭項鍊和獨特的眼鏡。重點不是長相或身材，而是被那種獨特的光環吸引，讓人產生興趣。

充滿魅力的人有何不同？我認為關鍵在於自我風格。真正懂時尚的人，目標不會是看起來年輕或跟隨潮流，而是展現自己特有的風格。有魅力的人很了解自己適合什麼樣的服飾、顏色、造型、材質。

想要打造自我風格，以自己的特質為基礎決定心目中的理想目標，也不失為一個好方法。若腦中有具體形象，選擇服飾時方向也會比較明確。

要尋找符合自己風格的服裝，而非時尚的服裝。透露出時尚感的人，擁有能夠充分呈現自我風格的固定穿搭，其中有很多人會重複固定的穿搭方式但從中加一點變化。因為是一定會穿到的單品，所以長褲一定要講究尺寸和剪裁；鞋子則講究材質和舒適度。像這樣擁有自己獨特的黃金規則，才能培養出自我魅力，讓人大讚：「很有你的風格，很棒！」

隨著年齡增長，簡單也變得很重要。為了打扮得時尚，添加太多元素反而會產生反效果，無法營造出成熟大人的優雅高尚。如何在最低限度內展現自己的特色，就是成熟大人的時尚重點。此外，飾品也是讓臉色明亮、襯托服裝的調味料。不妨抱著享受的心情，為自己挑選獨特的飾品。

最後，充滿魅力的人還有一項特徵，那就是時常保持姿勢端正。光是抬頭挺胸，就會讓好感度加倍。

為自己充滿魅力感到開心，而且永不放棄，才是懂得珍惜自己的人。這樣的人除了懂得珍惜自己，也會很珍惜有緣相遇的人。

11 為什麼容易吸引異性？

你屬於兩種法則中的哪一種？

我以前當攝影師的時候，拍過很多婚禮的照片，其中最讓我有感觸的就是「夫妻真的會有夫妻臉」。不光是長相，就連氛圍和喜歡的東西、朋友的類型都會很相似。

近年來隨著女性的社會參與程度增加、男性草食化，像同性朋友一樣親密的「好友夫婦」越來越多，而且這些伴侶意外地相處愉快。這種情形就是連結男女的相似性法則，只要找到相似的點，就會覺得有強烈親近感和安全感。

然而，應該也有被異性吸引時，發現和自己不同之處，便突然喜歡上對方的狀況。譬如男性對充滿女人味的外表、貼心溫柔的舉動感受到魅力，而女性則是被男性健壯的手臂、可靠的經濟能力、出眾的才能吸引。

這種情況稱為互補性法則，也就是補足彼此缺乏的條件。自己身上缺少的感覺算是一種飢餓感，比起相似性的人來說，會更追求強烈的緊張感和興奮感。用極端一點的方式來說，譬如被壞女人搞得身敗名裂或是沉溺於虐戀關係中，就是源自這種互補的慾望。

被異性吸引時，只要思考原因，應該都會符合相似性法則或互補性法則其中一種。

另外，對只是見過面的人產生「想要進一步認識」、「想和對方談戀愛」的想法時，只要意識到這兩種法則，就會知道該怎麼接近對方。屬於相似性法則的人，可以聊共同的嗜好；屬於互補性法則的人，說不定比較適合仔細聆聽對方說話並表示尊敬。

然而，單純的相似性、互補性都很難保持愉快的交往。彼此相似的伴侶，可能會因為難以把對方當成異性而少有性生活；而互補性伴侶之間如果充滿刺激的飢餓感，反而會衍生「你都不了解我」的不滿。

就結果來說，相似性和互補性兼具，關係才能長久。在和自己不同的人身上找到相似之處會令人感到安心，反之，在相似的人身上發現不同之處也會讓人覺得有魅力。

了解連結男女的兩大法則，就比較容易能找出彼此追求的事物。

12 什麼樣的女性能和男性相處愉快？

維持舒適人際關係的祕訣就是坦率

什麼樣的女性會讓男性感到有魅力、覺得相處愉快？

在此我想撇除年齡和地位去探討，男性朋友和同事認為什麼樣的女性，會讓他們覺得「相處愉快」（並非戀愛關係）。觀察長年交往、聊得來、會拜託對方、找對方商量的異性朋友，我認為重點應該在於輕鬆坦率。

坦率就是指敞開心胸、讓人明瞭的意思。簡單來說，就是誠實地敞開心胸。

在國外的電視劇中，經常出現中年男女以朋友和工作夥伴的身分彼此信賴，或是隨著年齡成長，擁有感覺能坦率相處的異性朋友真好。不論家人和親戚、隔壁大叔，只要有長時間的血緣和地緣關係，就能安心地坦誠相對，只不過單憑這樣的交友圈其實無法拓展自己的視野。

跳脫狹隘的世界，以男性觀點提供意見或有趣的資訊、聽自己說話，像這樣成熟的人際關係真的很寶貴。彼此越坦率就能夠越親近，相處起來也更愉快。

話雖如此，建立這樣的關係貌似簡單，其實卻意外地困難，而且難就難在坦率。尤其是男性和女性之間，要注意幾件事才能放心地坦率。

也許這麼說可能有點偏頗，但正因為異性朋友之間擁有超越同性朋友的吸引力與安全感，所以才能坦率相對。

第一個注意事項是無論什麼職位、年齡，對男性都要表示尊敬。如果沒有心存敬意，那麼男性和妳相處也只會覺得沒趣。

第二點是要懂得傾聽。為對方著想並理解對方的心情，藉由傾聽對方的問題，以自己的角度提供意見，成為彼此的知音。

第三點是重視距離感。因為是異性，所以若是說話太露骨、太過介入對方的私領域，會令人不知所措。請遵守最低限度的禮貌。

男人會把女人的喜悅當成自己的動力。即使是小事也感到喜悅，並且告訴對方「有你真好」，簡單表達自己的謝意吧。如果能放心且坦率地相處，舒暢愉快的友情就能持續下去。

13 什麼樣的女性會讓人想待在一起？

不能從男人身上奪走三種自由

有個相處愉快今後也想繼續交往的男性朋友，某天卻突然變得冷淡、斷了聯絡。妳有沒有因此陷入恐慌的經驗呢？我有，所以我明白了一件事：「英雄會去遙遠的星球。」

其實這是一種比喻，表示「關上心門、精神上想要一個人的狀態」。例如有人會真的把自己關在房間裡，也有人待在妳身邊但心不在焉。

女性如果心裡有壓力，會選擇找人傾訴、商量，靠溝通解決問題，男性則是不輕易示弱的英雄，所以才會導致溝通不足，因為他們想要自己解決。

而壓力的原因有很多，有可能是「女朋友很囉唆」、「工作不順利」、「這樣下去真的好嗎」之類的問題，他們只是想要自己一個人思考而已。

這種時候女性唯一能做的事情就是什麼都不做，就當作「英雄的心受傷了，所以到遙遠的星球去維修」，放著不管就行了。

當男性把自己關起來，女性不免會心想「我被討厭了嗎」、「發生什麼事」、「該不會是想分手吧」，而陷入恐慌，堅決追問「到底怎麼回事」。因為女性只要沒有得到答案，就會陷入不安。

然而，若女性開始躁動，指責對方「太過分了」、「只想到自己」，對方反而會覺得煩不勝煩，甚至回頭責備女性，結果狀況只會越來越糟。尤其是在男性無法從容面對問題時，奪走時間、金錢、精力三大基本自由的女性，會更顯得惹人厭。

這一點不只丈夫和男朋友適用，所有男性都具有這項特質。

有時候，妳也需要配合對方的步調。一旦發現男性出現關上心門的徵兆時，就告訴自己「英雄總有一天會回來」。男性很少會主動告別，當有一個願意保留空間信賴自己的女性在身邊，對男性而言是一件很愜意的事。最後，當男性回到地球時，請溫柔歡迎他歸隊。

第六章

成為「懂得讚美的人」

01 懂得讚美的人在人生路上會獲得數百倍的好處

懂得讚美的人很稀有

如果你想成為好相處的人，就要先打造自己和對方都舒服的人際關係。其中一個方法就是成為懂得讚美的人。然而，這並不代表諂媚或言不由衷之類，徒具形式的讚美。

懂得讚美的人總是對別人很感興趣、習慣發現對方的小優點。所以自然而然能稱讚對方，讓人笑顏逐開。譬如「您品味真好」、「聲音好溫柔喔」、「讓人覺得很療癒呢」，懂得讚美這種小事的人，相處起來不但會很開心，對方也會自然而然地想找出你的優點、想辦法稱讚你。

像這樣懂得讚美的人，也很懂得如何被愛。例如深得人心的領導人、在周遭的協助下兼顧工作與家庭的女性、戀愛運很好的人、感情融洽的夫妻、深受兒孫喜愛的熟齡人士，都很擅長讚美，他們絕對不是只聊自己的事，或者擁有強烈自我主張的人。

人與人之間，彼此認同的關係是最緊密的。擅長讚美的人，不只人際關係，人生中的每件事都能一帆風順。只要平常就建立起互相讚美的關係，即便發生問題也能順利度過難關。另外，當對話無法持續下去時，懂得讚美就可以用讚美的話來拓展話題。

在人生的道路上，懂得讚美一定會比不懂讚美獲得數百倍的好處。不，最大的效果應該是當你懂得用心讚美就只會看到對方的優點，也會變得喜歡人，能因此度過美好的人生。此外，你還能學會不為小事焦慮，永遠保持安穩的情緒，懂得讚美就等於懂得幸福。

然而，讚美的習慣在日本並不普遍。所以才會產生有很多人想被稱讚，不過懂得稱讚的人卻很少的現況。

正因為如此，懂得讚美的人反而物以稀為貴。你只要懂得讚美別人，就能出乎意料地讓別人幸福，甚至自己也能感受到幸福。

本章將會告訴大家，成為懂得讚美的人需要掌握哪些重點。

02 讓人覺得「這個人真的很關心自己」的稱讚方法

擅於讚美的人，稱讚別人時的重點

擅於讚美的人會讓對方覺得「這個人真的有在注意我」，懂得找到讚美的重點，就能稱讚到對方的心坎裡。

本來就擅長的事或者做了好事等表面的稱讚，任何人都能做得到，所以當對方讚美從來沒人注意到，或者連自己都不知道的部分，反而會讓人覺得更開心。此外，也會認為稱讚自己的人發現自己的特殊價值，而抱著好印象和對方來往。

懂得像這樣讚美的人，稱讚別人時的重點就是：

1. 稱讚「對方的習慣」

即使沒有什麼特別的事，也可以對同事說「你總是充滿朝氣的跟我打招呼，讓我覺得心情很好」；對朋友說「謝謝你總是聽我抱怨」；對家人說「你總是把飯吃得很乾淨，讓我很開心」，像這樣已經成為習慣的事情也可以是稱讚的重點。

2. 稱讚「對方的體貼」

讚美對方「留言便條寫得很清楚好懂」、「總是馬上就回電話」、「幫忙整理共用的櫃子」等體貼的小動作，等於是在告訴對方「我有發現喔」，把重點放在對方溫厚的人品上，就能輕鬆讚美對方。

3. 稱讚「對方值得尊敬的部分」

無論任何人都會有經常閱讀、平常會鍛鍊身體的習慣，或總是保持冷靜等值得尊敬的部分。這些通常也是對方重視的部分，所以稱讚這些事情就等於告訴對方「我知道你很重視什麼喔」。

4. 稱讚「對方令人意外的一面」

不論是誰都會稱讚打扮時尚的人「好時尚喔」。所以對擁有外在特徵的人，就要讚美內在的優點；對個性好的人，就要讚美外在，發掘令人意外的一面。

5. 稱讚對方的努力

不只讚美成果，也要讚美工作、家事、育兒、學習等平常努力的過程。這也是在告訴對方，自己有在好好關注過程中的變化和成果，隨時為對方加油。

在我們的日常生活中，充滿值得讚美的重點。仔細觀察對方，養成找出優點的習慣，就是讚美的準則。即便是肉眼看不到的事情，也要仔細挖掘出來。

03

即使不擅長讚美也沒關係

不必使勁讚美，只要仔細觀察、聆聽對方說話即可

你知道嗎？只要說出讚美對方的話，氣氛就會馬上變得輕鬆。

然而，有很多人想稱讚對方，卻覺得「我很不會稱讚人」、「不知道要稱讚什麼」，以至於一到需要稱讚對方的時候，在腦中思來想去，就是找不到適合的話。

其實不擅長讚美的人不必使勁讚美，只要從仔細觀察、聆聽對方說話開始即可。

我們經常以為自己已經仔細觀察對方，不過實際上並沒有。當你抱持善意認為對方一定有優點，從對方的外在和個性、想法、行動等方面觀察，一定就會發現很不錯的重點。只要用「真不愧是」、「我很喜歡」、「真是令人敬佩」等坦率的詞彙，傳達自己的敬意即可。

讚美也有保鮮期，等事情過了才稱讚對方，對方也搞不清楚是什麼事，反而很難傳達。

當你覺得「這很棒」的時候，就要馬上說讚，這就是讚美的基礎。這時也不需要說什麼靈巧

或高深的話，簡單的辭彙就可以了。越簡短的話，反而越容易打動人心。

我有一個朋友，總是願意傾聽我的故事，經常稱讚我「好厲害」、「妳已經很努力了」。有她在我就會覺得心情很好，所以經常要她聽我說話。直到某一天，我才發現：「她真的很擅長傾聽和讚美，我因為有她的陪伴，而心靈獲得療癒。」

我坦白告訴她我的想法之後，她含著淚說：「真的嗎？我好高興。」我應該要更早發現朋友溫暖相待的心情才對。

刻意觀察他人的優點，你也會不可思議地在自己所在的地方，或周遭的各種事物、甚至自己的內心，發現一些美好的事。因為尋找美好事物的天線，無論對著什麼東西都能抓到令人心情舒暢的頻率。

讚美不只能讓對方開心，也會豐富自己的人格和人生。

04 缺點也會變成「讚美的重點」

不由自主一直注意對方討人厭的地方時……

「雖然很想稱讚對方，但總是一直注意到討人厭的地方。」你有沒有這種經驗呢？每天都要見面的同事，讓你覺得很焦躁，心想：「這個人為什麼這樣啊？」婚前覺得丈夫什麼都好，婚後卻處處看不順眼，或許還會覺得很煩。

據說人類為了保護自己、讓自己活下去，本能上會更敏感掌握並記憶對自己不好的事，而非對自己有利的事。因此，人發現一個缺點之後就會一直在意，看不到其他優點。

人的特質就是有表裡兩面，同一件事從不同角度看，可能是優點，也可能變成缺點。我們無法改變對方的特質，所以從好的一面看就能當成優點讚美對方，如此一來對方開心，自己也能保持內心祥和。

對要求多又龜毛的上司說：「您平常都細心指導我，真的很感謝。」如此一來，應該就能減輕一點責難。把不親切的人當成「很酷」、任性的人是「擁有自我意志」、戀母情結的人是「很為母親著想」、工作狂是「熱愛工作」，就像這樣還有很多數之不盡的說法。

之前，某個朋友這樣稱讚醉到不省人事的友人：「我就是喜歡你醉到不省人事這一點。能醉到這個程度，就表示你沒有做虧心事，能信任周遭的人，所以我也相信你。」這麼深刻的讚美方式真的很令人動容，就連我也覺得心情愉快。

擅長讚美的人擅長把缺點變成優點，能把事情往好的方向轉，心情就會變得開朗，無論在任何環境下都能快樂過日子。

如果你也有無論如何都無法讚美的人，不妨在對方為自己做了點什麼的時候，對他說聲「謝謝」，從感謝的詞彙開始嘗試吧。

「謝謝」就是最好的讚美詞，表示認同對方是值得感謝、無可取代的存在。不斷說出感謝的話，心情就會越來越和緩，逐漸能夠發現對方的優點。也就是說，透過讚美也能改善人際關係。

05 稱讚初次見面的人很簡單

如何不客套地稱讚初次見面的人……

想要稱讚初次見面的人或不熟的人，其實很簡單。

不過，有時候即使勉強稱讚對方「皮包真漂亮啊」、「身材真好」，之後也無法持續對話，反而變得很像在說客套話，但是被稱讚的人其實很想聽下一句話。

在這裡我要告訴大家幾個小技巧，避免讚美變成客套話或拍馬屁，讓人感覺到真心，而且還能和對方聊得開心。

1. 不只讚美隨身物品或外表，還要稱讚本人給人的「印象」

稱讚對方「皮包真漂亮啊」雖然也很讓人高興，但若是之後再加上「和您華麗的氣質很搭」，像這樣讚美對方本身的一句話就會讓人更高興。

「您很親切，讓我覺得很安心」、「您說話總是眼神閃閃發亮，讓我都覺得活力充沛」，像這樣用自己的話表達對對方的印象，也會讓人記憶深刻。

自己給別人的印象或氛圍，自己往往也是似懂非懂很難看清。因此，大家最感興趣的，就是自己在別人眼中是什麼樣的人。

據說被稱讚時，腦內會分泌傳遞興奮訊息的多巴胺，所以當對方告知自己不知道的事情時，大腦就會分泌大量多巴胺使人心情愉快。

曾經有人稱讚我「溫柔的聲音令人印象深刻」，這件事讓我很開心。自己聽到的聲音和別人聽到的聲音不一樣，所以會讓我覺得「原來別人聽起來是這種感覺啊」，並因此感到安心、快樂。

2. 在讚美之後加上「問題」

在「您身材很好耶」之後，再加上「平常有做什麼運動嗎」的問題，接著對話就會像這樣持續下去：「沒有耶，我沒有特別做什麼運動。以前是有做過瑜珈啦……」、「做瑜珈很不錯啊」，而且還能在之後聊天的時候不經意地讚美對方。

「您皮膚很好，有沒有什麼特別的美容方法」、「工作和育兒都能兼顧實在太厲害了。有什麼利用時間的技巧嗎」，只要像這樣對任何事都充滿好奇，簡單詢問對方即可。如此一來，對方就會認為「這個人對自己很有興趣」。

讚美的目的之一就是讓對話變得熱絡，進而讓彼此相處融洽，好好享受這段時光。只要記得以上兩個小技巧，就能傳達心意，並且聊得盡興。

06 對熟人最好的讚美就是「謝謝你」

越親近的人就越需要讚美

實際上越熟識的人就越應該要讚美，因為他們是最需要讚美的對象。

然而，突然讚美對方反而顯得很不自然，可能會讓對方覺得：「怎麼了？發生什麼事？有什麼企圖？」因此，對熟人最好的讚美方式，其實就是「謝謝你」。

「謝謝你」表示感謝對方的存在，具有無可取代的寶貴意義，再也沒有其他讚美能夠比得過認同對方價值的「謝謝」。

然而，因為這是經常使用的簡單詞彙，要是沒有處理好反而會顯得草率。用自己的話讚美對方，才更顯得真心，祕訣有以下兩點：

1. 用「謝謝你」＋「讓我變得……」的方式讚美對方

對在工作上給予幫助的同事說：「謝謝你，有你在我覺得很安心」；對開車送自己到車站的家人說：「謝謝你，幫了我一個大忙」；對傾聽自己煩惱的朋友說：「謝謝你，和你聊完之後心情變好了」。像這樣直接說「因為有你，所以我變得……」，更能讓人感受到對方的影響力。

感謝永遠不嫌多。無論多小的事，都要不斷說謝謝。只要像這樣持續稱讚對方，就能再度確認對方的優點，也會更懂得珍惜。

2. 理所當然的事更要懂得道謝

即便對方沒有特別做什麼事，平穩的日常也值得感謝。像是對家人說「謝謝你總是為我加油」；對同事說「我能休假都是因為有大家幫忙，真的很感謝」。想到的時候、對話的時候、在信件的最後，或是慶生的訊息中加入感謝的話，不需要畢恭畢敬，有很多情形都能若無其事地表達謝意。

理所當然的生活和理所當然的時間其實很有限，只要意識到這一點就能對身邊的人，或是擁有的東西充滿感謝，也能盡可能快樂生活。了解自己是托大家的福才有今天，能讓對方和自己的生命都變得更加閃耀。

07

任何人都會因為「你一定做得到」這句話而成長

任何人都會因為被稱讚而努力

懂得讚美的人也很懂得打動人心。

男性主管T先生很擅長鼓勵別人，他不會對屬下發怒給人壓力，也不會用規則約束對方，而是用讚美、鼓勵的方式，讓對方不知不覺開開心心地去做一件事。

對工作做得很好的人說：「真不愧是○○先生啊！有你這麼優秀的屬下，真是幫了我大忙。」即使有點失敗也會說：「這次雖然這個部分搞砸了，但是這幾個重點都做得很好，下次一定會更順利。」

他還會對打掃的工作人員說：「謝謝你，因為你打掃得很仔細，所以才有整潔的環境，令人神清氣爽啊！」

T先生的女秘書和我很熟，她曾說：「T先生只要對我說妳一定可以，我就會覺得非做不可。本來二、三年就想辭了這份工作，結果被他拉著走，一眨眼竟然就十五年了！」

周遭的人一定都因為被T先生稱讚，而得到救贖或產生自信吧。沒有刻意拜託，員工也會自己提早上班；因為擔心T先生自己一個人在外地工作，所以歐巴桑軍團時常會送吃的過來。無論男女都大受歡迎的T先生和他周遭的人，總是充滿笑容、職場氣氛也很開朗，一定每天都很快樂。

經常被男朋友和丈夫稱讚的女性，自然會很努力。只要被稱讚「妳好美」，實際上也會真的越來越美；被稱讚「妳做的飯最好吃」，之後就會有意願挑戰稍微複雜的料理。

有句話說「孩子要誇才會成長」，大人一樣也是被稱讚就會成長。只要受到鼓勵，任何人都會開心地去挑戰。即使覺得「自己是不是太得意忘形了」，但還是改變不了開心的本質。因為被稱讚而獲得的小小自信會成為人的原動力，帶來豐碩的成果。

習慣性地讚美別人吧，只要懂得讚美，自己的心靈變開朗，自然而然也會感染到周遭的人。和懂得讚美自己的人相處，任何人都會覺得心情愉快啊！

08 懂得讓男人成為勇者的女性一定很好相處

只要稍微加入一些讚美的詞彙即可

「好厲害！您真是什麼都懂呢。」

「哪裡哪裡，也沒有到什麼都懂啦。」

應該有很多人見過男性這樣被女性稱讚，雖然害羞卻也很高興的樣子。即便只是一點讚美，男性也很容易感到高興。畢竟女性有互相讚美的文化，相較之下男性被稱讚的次數少很多，所以才會一直想要被認同。

男性只要得到認同、讚美就會成長，只不過實際上願意給他們讚美的女性卻非常少。現代社會壓力大，經常會有讓人失去自信的時候。舉凡父親、丈夫、上司、同事、朋友，無論什麼角色，只要懂得讚美，對方就會很開心。

人類自狩獵時代以來就一直處於競爭社會，在這樣的環境下，女性總是選擇強悍可靠的男性，所以他們一定會在意周遭的評價。男性最喜歡能夠滿足男人自尊心的女性，因為他們基於本能想獲得女性的尊敬。男性希望自己是能夠讓女人開心、幫助女人的帥氣存在。

如果妳想成為讓男性覺得相處愉快的對象，不需要做什麼特別的事，只要稍微讚美對方即可。男性只要能滿足自尊心就會認為「自己也很不錯」，開始變得生龍活虎，能夠繼續努力下去。

不過讚美男性的時候，絕對不能抱著高高在上的心態，認為「好啦好啦，我就稱讚你一下」，因為很快就會被看穿。男性對這個部分特別纖細敏感。「你做得很好」、「好棒」是稱讚小孩子的用語。請改用「真是好極了」、「真不愧是……」、「真可靠」等稱讚英雄的話來讚美對方吧。

如果男性對妳展露帥氣的一面或者幫助妳，請好好地讚美對方一番。即使只是小事，也要大肆稱讚注意到的任何細節。只要妳能坦率地讚美男性，對方一定會覺得和妳相處愉快，往後也會在各種場合中成為妳的助力。

09 輕鬆面對女性之間令人頭痛的「互相吹捧」

隨時提醒自己讚美對方、享受對話

我曾看過一篇書寫男女不同的文章：「男性之間會互相貶低對方，但不見得是真心的；女性會互相讚美對方，卻也不見得是真心的。」

原來如此，我很快就認同這句話。的確，女性之間的讚美，目的其實不在讚美本身，大多是為了享受當下、建立良好的人際關係。

妳有沒有這樣的經驗呢？在同學會遇到很久沒見的人，會用「怎麼這麼年輕」、「哪裡哪裡，妳也很漂亮啊」這樣互相稱讚的話來打招呼。在職場或者媽媽們的午餐聚會上，會數落不在場的人，然後說一些像是「妳真是值得信賴啊」般，互相吹捧的話。看到這種景象，或許會想吐槽說：「妳們真的這樣想嗎？」

「好羨慕單身的人喔！我光是照顧孩子就累得半死。」也有人會像這樣一邊稱讚對方，一邊下意識地宣示主權，或宣示自己的地位較為優越。

這種客套的互相吹捧，客觀地從旁觀察就會很明顯，或許還會覺得女生之間的友誼真麻煩。不過，這也是件好事，因為互相讚美可以緩和氣氛。女性需要「讓我們當好朋友吧」這種輕鬆的溝通方式，就像快樂的喜劇電影一樣，抱著輕鬆的態度思考即可。

「得想辦法稱讚才行」、「得想辦法稱讚回去」，因為妳認為自己有讚美的義務，所以會覺得累。想讚美對方的時候就大方讚美，覺得無法回應對方的讚美時，只要說「謝謝妳，被妳稱讚我很開心」，簡單表達感謝然後保持距離也是一種方法。仔細聆聽想親近的人說話，自然就會冒出讚美的詞彙。

對女性而言，讚美是讓溝通變得更圓滑的一部分。不需要勉強自己讚美對方，而是站在享受對話的立場，就能發現對方值得稱讚的優點，讓彼此都感覺相處愉快。

10 三人以上的聚會也能聊得開心的稱讚方式

稱讚到對方心坎裡的祕訣

當在多人對話時受到稱讚，是一件很令人開心的事。

不只稱讚的人，在場的人如果也附和：「真的，就像他說的一樣。」那麼就等於讚美獲得認同，被稱讚的人也會得到自信。

然而，稱讚的人不只要注意被稱讚的對象，也得考量在場的其他人。在大家的面前讚美某個人，應該會有人這樣想：「為什麼只稱讚那個人呢」、「我也很……」。尤其是女性，發現只有某個特定人物被稱讚，就會覺得自己被比下去。

針對這個問題，只要平等地讚美大家就可以解決，但義務性地稱讚其他人，又會變成很不自然的互相吹捧。有個稱讚的方法可以讓其他人也心情愉快、聊得開心。

三人以上的聚會，可以用「說明其他人不知道的事情來稱讚對方」。譬如與其單純說

「○○真的很機靈」，不如加上「之前○○在……的時候臨機應變……」，如此一來其他人也會很有興趣聽，可能還會感動地回應「哇，好厲害喔」，或者「話說回來我也有過一樣的感覺」，然後加入新的故事繼續聊下去。

另外，如果是熟人就可以用「不要看她這樣，其實△△都自己醃梅干和醬菜」，先稍微貶低一下，然後提出令人意外的事實也很有效。這時候應該就會有人接著說「怎麼能說不要看她這樣，△△很有女人味啊」或者「也教我做醬菜嘛」，讓話題變得更豐富，當事人對其他人也能拋出「有沒有自己親手做點什麼的習慣」之類的話題。讚美的基礎就是讓大家都能聊得開心。

讚美不在場的人也不錯，譬如「某某總是第一個上班，責任感很強」。即使無法面對面直接稱讚本人，也可以透過周遭相關的第三者傳達，被稱讚的對象還是會覺得開心，知道對方是這樣評價自己的。

唯一要注意的是，必須要在對稱讚對象充滿善意的聚會上讚美對方。既然要稱讚，就要有好效果。如果大家都能認同你的讚美，那麼被讚美的人也會獲得二倍、三倍的快樂。

11 雖然「被稱讚」很開心，但也不要抱著期待

以自我滿足為基準會比較幸福

即便自己很積極稱讚別人，也不見得會得到讚美回饋。因此，最好不要抱著「對方應該要也要多稱讚我才對」的態度。

某個擔任主管的朋友對我抱怨：「屬下哭著向我投訴，說自己拚命工作，應該獲得更多讚美才對。可是，我覺得我一直在稱讚她啊……。」

或許我這位朋友稱讚的方式有問題，只不過屬下要求讚美，這個問題也不小。最近都說「孩子要誇才會成長」，所以媽媽、老師都一直稱讚小孩，試圖讓孩子充滿幹勁、獲得成長。這樣的行為本身沒有問題。

然而，即便上司已經稱讚做得很好，下屬也無法對這樣的讚美感到滿足，甚至想要上司再多稱讚一點。而且只要稍微罵一下，就會感覺自己的人格被否定，變得非常失落。

大家應該要先了解，自己正在做的事情、自己的價值和別人的評論並不會完全一致。因此獲得讚美時雖然開心，可是最好不要期待被稱讚。

追求自己的快樂和滿足，把「我是因為喜歡才從事這份工作」、「今天做得很好，所以很滿足」，當作自己的評價才能享受快樂人生。獲得讚美就像後來才出現的追加選項，一開始不知道到底有沒有，所以之後受到讚美才能為人生帶來莫大的喜悅與成長。

另外，被稱讚的人如何接受讚美、如何反應，也會造成讚美滿意度的差異。被稱讚時坦率地說「謝謝」、「我好高興」，會讓讚美你的人覺得「啊，太好了」感到安心，或者心想「應該能和這個人做朋友」。光是一個反應，對方就能擷取各種資訊，因此即便是一點小讚美，也要用力展現出你的喜悅。

12 「認同自己的人」會讓自己成長

「認同」就是讚美對方的價值

和懂得讚美的人相處很開心，不過若是稍微進階一點，和認同自己的人相處不只開心，還可以讓我們有所成長。

我自己很少被父母稱讚，但是因為我也不知道其他家庭的狀況，所以一直以為這樣很正常，心裡並沒有什麼不滿。我的母親有時會這樣誇獎我：「聽老師說妳很努力，所以成績變好了，媽媽為妳感到驕傲。」「妳幫我把碗都洗好了，所以媽媽上晚班回來才能舒舒服服地去睡覺。」

也就是說，我母親用「妳讓我變得……」的方式，向我傳達自己的開心和獲得幫助的喜悅。因為很少聽到這種話，所以我當時心裡覺得：「太棒了！媽媽很高興。」母親不是稱讚我，而是認同我。

母親不只告訴我「妳做得很好」，而是再加上「幫了我的忙」這句話的主詞，傳達我做的事對她產生哪些效果。因此，即便我年紀還小，也能感受到說服力。

現在回想起來，母親沒有用「妳好厲害」、「真是個好孩子」之類簡單的讚美，而是藉由「妳讓我變得……」這句話，以及我造成了哪些效果，讓我了解「原來如此，只要這樣做就能幫助別人」的現實，同時也教會我與人相處的方法。只不過，我至今仍不清楚母親這樣的教育方式到底是好是壞。

出社會之後，我換了很多工作，雖然很少被稱讚，但無論在哪個職場，我都習慣思考如何在這裡做出貢獻？只要能夠對別人有貢獻，即使沒有獲得讚美，自己也會默默覺得做得很好；如果沒有貢獻，我會思考換個方法試試看，在錯誤中摸索作法。接著，認真思考自己的什麼能力能對別人有貢獻？雖然很多時候都不順利，不過這樣的習慣卻讓我找到了自己的生存之道。

讚美或多或少都有一點從高處評價對方的感覺，畢竟沒有人會稱讚長輩「好厲害」。認同則是站在相同的高度表達，「我因為你做了這件事，所以覺得很開心」。「你幫了我的忙」也就等於認同對方的價值，所以任何對象都適用。像這樣認同自己的人，一定會讓自己成長。

13 責罵自己的人會讓自己成長

有愛的人才會勇敢告訴你「這樣不行」

就讀高工的姪子加入排球隊，我去參觀他們的練習賽，可是在我眼前呈現的卻是令人難以置信的光景。

像惡鬼一樣的女教練，在比賽和練習的時候，對學生們劈頭大罵數小時。「你在做什麼」、「你是白癡嗎」、「排球是要用心打的，用心啊」，女教練撕心裂肺地喊，我光是看著都感覺會顫抖流淚。

其中有一個學生在比賽時失誤，被罰繞場跑步一個小時。我問在場的家長們：「這位教練都不稱讚學生嗎？」

「幾乎沒有。大概是罵兩百次，才會稱讚一次。」聽其他人說才知道，這位教練也是體育老師，只要離開排球就會變成一個好人，會和學生一起準備搞笑的餘興節目，校慶時也會提出有趣的點子，從不忘記享受生活。因此，學生們也總是能開朗露出爽朗的笑容。

「也就是說，她其實是個很有愛的人呢。」聽見我這樣一說，其他家長便馬上附和：「沒錯！」

我親眼見證，只要能感受到對方很為自己著想，不見得要讚美，責罵也能凝聚人心。除了讚美自己的人之外，責罵自己、給自己忠告的人也會讓自己成長。在人際關係日漸稀薄的現代社會中，這種人越來越少，反而是很珍貴的存在。

我也想盡可能接近會斥責自己、給自己忠告的人。像這樣的人雖然會在身邊守護自己、讚美自己，但是當自己怠惰、誤入歧途時，就會直接說「你這樣不行」。成長的路上一定需要這樣人，希望能有更多機會和這樣的人相處。

或許是基於「對方是為了我才會這樣說」的感受以及尊敬、信任的前提，才能坦率接受斥責和忠告。

勇敢告訴對方也是一種愛的表現。對於不習慣斥責、忠告的人，可以用「這個地方不對，不過其他都很好，你一定可以做得到」，在斥責中加入讚美和期待也是個好方法。

如果能一起享受成長的過程，帶著慈愛之心，告訴對方做得好或不好的地方，一定會讓對方覺得想和你相處。

14 會因為小事而感動的人值得交朋友

感動若是不表現出來就沒人知道

擅長讚美的人會因為小事而感動，比方說，曾經有幾個朋友造訪我位於鄉下的家時，向我表示非常感動。

作家好友○先生看到我家時很感動地說：「我夢想中的家就像這樣。在這裡寫文章，一定能文思泉湧。」看到周遭的景色時也感動地說：「太美了，就像電影裡才會出現的風景。」我告訴他這個城鎮的水出了名的好喝，他便一口氣喝完我遞給他的自來水，停了一拍才感動地說：「好久沒有喝到這麼甘甜的水了，每天都能喝這樣的水真是幸福啊！」

曾經在我家留宿的料理研究家M小姐，早上用母雞剛生的蛋煎荷包蛋來吃，她感動地說：「可以吃到這麼新鮮、味道濃醇的雞蛋，實在太奢侈了。」當她大口咀嚼沾著當地味噌的現採蔬菜時，一邊道謝一邊感動地說：「太厲害、太厲害了。生的白菜和青椒竟然這麼好吃，我以前都不知道。」

他們在我面前流露出如此感動的樣子，就連我也覺得很開心，自然而然想分享更多，告訴對方「我還有私藏的美景喔」、「附近的太太幫我醃的醬菜很好吃，妳也嚐嚐吧」。

其中也有人到處參觀之後，只說「喔——」就結束了。或許他們也有感動，但是沒有表現出來。很遺憾，面對這樣的人，我也不自覺地認為沒有必要討他們開心。

會對小事感動的人，特別有魅力。工作上也是一樣，如果有人看完我的書，表現出略為誇張的感動，例如「這一句真是講到我心坎裡啊」、「讀著讀著眼淚都流下來了」，我就會想要為了這樣的人繼續寫下去。

一定是因為和容易感動的人相處，會感受到「對方對我很有興趣」、「我讓對方很開心」。對身旁的人感動地表達「你果然很厲害」；對自己所在的地點感動「我實在太喜歡這裡了」；看著夕陽感動地說「今天被夕陽染紅的雲彩真美」。和這樣容易感動的人相處，一定很愉快。

除了能夠一起感動之外，也能感受到這個人對身邊事物的愛，或許連心靈都會因此變得溫暖呢！

15 懂得讚美自己的人一定很好相處

一個人如何認同自己非常重要

有些人初次見面稍微聊一下就會讓人覺得很有魅力，感覺這個人很不一樣。這份魅力並不是源自打扮時尚或華麗，而是從自身散發出來的自信與希望等，閃閃發光、令人炫目的正能量。

在工作上不斷成長的人、在運動等領域創造佳績的人、從事自己喜愛工作的人，我們通常會從這些人身上，感受到「活著真是開心」般自然湧現的能量。

這樣的人無論是怎樣的地位和年齡，都能相處愉快。另外，即便是有地位、職銜高，只要自以為是、難相處，就無法讓人感覺到正能量，相處起來也不會愉快。

若要說這種能量的差別究竟源自何處，我認為「是否相信自己」這一點，占了很大的比例。實際上，對自己的信任並不是來自地位或他人的評價，而是截至目前為止做了哪些事，如何認同、讚美自己。

放下沒做到的事，對已經完成的部分感到莫大喜悅，告訴自己「今天的我做得很好。很棒！」懂得讚美自己。放下不好的部分，認同好的地方，告訴自己「我這個部分做得很好」藉此獲得成長。即便失敗，也會鼓勵自己「這是個好機會，現在失敗，下次就沒問題了」，不會放棄未來。

就像在讚美別人一樣讚美自己「我一定可以」、「我一定會擁有快樂人生」，相信自己並且期待未來。

自己怎樣對待自己，就會成為怎樣的人。因為你會下意識地採用符合「理想中的自己」的思考方式，採取相應的行動、說話方式和表情。這些會形成你的個人魅力，旁人看來就會覺得這個人很不一樣。能夠讚美自己的人，懂得愛自己，也能自我成長。

不論是今天做到的某件事、已經變成理所當然的事情、原本就擅長的事情也好，請養成習慣，像對待自己的好友一樣，找出自己的優點並讚美。如此一來，你就能越來越接近理想中的自己，人生越來越快樂，別人也會覺得和你相處起來很愉快。

第七章

「難相處的人」的應對方法

01 別和難相處的人硬碰硬，輕巧帶過就好

如何對付會吸光全身能量的吸血鬼

我們周遭一定有難相處的人，本章將介紹具體的應對方法。

在你周遭總有充滿攻擊性、囉嗦、消極、擁有強烈刻板印象、自以為是等各種不同類型的人。很遺憾的是，人的個性無法改變，除非自己強烈意識到這樣不行，並試圖改變，否則不會有任何變化。

難相處的人通常都毫無自覺也不懂得反省，所以才會難相處，但這樣下去對你來說這個人永遠都是難相處的人，因為對其他人來說，這個人可能並不難相處。

不過請你放心，有方法可以讓難相處的人變得「不那麼引人注意」、「放著不管也沒問題」。方法就是改變自己對難相處部分的思考和行動。

難相處的人又被稱作「能量吸血鬼」，平常看起來很正常，但有可能會因為某個契機變

身為吸血鬼。所以一開始就不應該和吸血鬼對戰，認真地反駁、指正，只會讓吸血鬼抓狂，最後連自己都情緒激動、精疲力盡，自己的能量會被吸光，疲勞感也會倍增。

千萬不能把吸血鬼當作敵人，吸血鬼之所以會吸人血，背後其實也有心靈缺乏餘裕、過得不幸福等情非得已的理由。真正的敵人不是對方，而是自己內心對對方的敵意。

那麼該如何是好呢？只要在對方變成吸血鬼之前，輕巧帶過話題即可。對付難相處的人有以下幾種基本態度：

1. 不要注意難相處的部分。
2. 保持距離以免覺得對方難相處。
3. 搶先一步減少覺得對方難相處的機會。
4. 覺得對方難相處的時候，就換個話題或模式。
5. 在自己還沒覺得對方難相處時，說出自己的意見。

02 基本上別對難相處的「部分」有任何反應

心中產生負面情緒時該怎麼辦？

「身邊有個難相處的人，讓我覺得好累。」通常會這樣抱怨的人，大多是因為顧慮周遭的人而強忍發言或行動，很在意別人對自己的看法，屬於溫柔且過於多慮的類型。

執著於無法改變的對方和過去，或許是一種心靈和身體能量的浪費。然而，無論對方多麼難相處，對方的個性和情緒都不是我們的責任，已經發生的事情也無可挽回。首先，請各位一定要了解這一點。

我們有責任的部分只有當下，並且應該把注意力放在重要的事情上。也就是說，不要讓自己的心靈感到疲累或受傷。

對方令人覺得難相處的言行，基本上我們都不需要有任何反應。話雖如此，也不能完全無視對方的存在，只要保持禮貌、擷取重點，跳過對方難相處的部分即可。對方的情緒和言行是對方的問題，也是對方的責任。

對我們而言，最重要的問題是在健全的狀態下生活。所以就像確認健康狀態一樣，我們也需要養成確認心靈狀態的習慣，檢查自己現在的心情。如果心情好的話當然沒問題，但若湧現煩躁、受打擊、悶悶不樂等負面情緒，就要適時踩剎車，告訴自己不需要在意這些，專心做當下該做的事情，把精神集中在原本的目的和眼前的事情上。

譬如職場原本的目的就是工作，面對難相處的人，就用專心工作來轉換心情。在家的時候就好好享受和家人團聚的時光或者自己的嗜好，看看電視和書籍放鬆身心，把不重要的事情都忘掉。

不需要勉強自己改變心情，而是把精神放在別的事情上，在佛教裡這種能讓人幸福的思考方式廣為人知。永遠挑戰新事物的人，不太會因為人際關係而煩惱，畢竟人的心也有容量限制，先用快樂、開心的事情填滿自己的心，就不會對難相處的人過度反應。

專注在眼前的事情上，不必過度害怕，只要踏實地對付難相處的人即可。只要能做到「活在當下」，從那一瞬間起人就會變得幸福，開始閃閃發光。

03

別輕易評斷「好壞」

不要被厭惡感汙染了心靈

世界上也有明明難相處，但你卻不討厭的人。

雖然有煩人之處，但他們也可能具有討人喜愛、非常努力、為周遭的人擔心等令人有好感的特質，所以能被大家接受。

然而，人類只要評斷對方「這樣不對吧」、「啊，好討厭」、產生厭惡感之後，不論對方做甚麼都會覺得很討厭。

其實，事情沒有絕對的好與壞。雖然凡事都有其正確性，但實際上只會有不黑不白的灰色現實。不輕易判斷好壞，就能稀釋厭惡感。

面對難相處的人，我經常會思考「為什麼這個人會變成這樣」。譬如說話很囉唆的人，只要心想「他年紀大了，難免會忘記自己說過的話」，然後就能體諒並且冷靜。如果有人很會自吹自擂，我就會心想「他應該是在必須自我表現的環境中長大」。

無關好壞，我相信難相處的人背後一定都有無可奈何的可憐原因。另外，我有時候也會思考「如果國中的時候遇到這個人，會是什麼感覺」，如果把對方當成是國中生看待，再怎麼難相處的人都會變得可愛。「如果他是我同學，我們會怎麼相處」、「她會是個什麼樣的母親呢」，像這樣用第三者的角度看待對方，就會知道無論是誰都曾有混合愛、努力、天真等人類情感的時光，每個人都曾經是個孩子。

請不要認為這種想像毫無用處。至少你會知道自己看到的只是一小部分，有助於謙虛思考「事情沒有絕對好壞」、「每個人活著都會受到某些事情影響」、「自己也有讓人覺得難相處的地方」。

最重要的是別讓自己的心靈被無謂的厭惡感玷汙，接受對方的缺點，心想「大家都有自己的苦衷，才會走到現在這個地步」，或許就能創造比現在更加深刻、溫暖的關係。

適度保持距離的四個智慧

04 在對方展露笑容前先保持距離吧

對方之所以會讓你覺得難相處的最大原因，就是無法掌握距離感，導致彼此距離太近或者太遠。這種距離感是心理上的感覺，像是「同事干涉自己的工作很煩」、「男朋友就在身邊，但是不知道為什麼覺得和他離得好遠」等，肉眼看不見的距離感。

不管距離太近或太遠，都會讓人產生某種恐慌感而漸漸變得疲勞，而且這種能量的消耗，幾乎都不會有回報。

對人際關係少有煩惱的人，習慣憑感覺和對方保持不近不遠的恰當距離，所以自己和對方都能心情舒暢。各位不妨試著注意以下四點：

1. 保持禮貌並且在能展露笑容的距離和對方來往

重視距離感的人，總是能機靈地掌握舒適的距離。發現彼此勉強或要求太多，感覺可能靠太近就會離遠一點，等保持一段距離之後再向對方搭話。無論對象是誰，都會恪守禮儀向對方打招呼、道謝，慢慢找到能夠微笑以對的距離。

2. 從對方的語言、表情、動作，掌握距離感

談話時發現對方臉色一沉就馬上收斂，對方笑著聊的時候就拉近距離，像這樣觀察對方的反應很重要。提出意見時必須先確認對方的狀態，再選擇適當的時機和詞彙。保持自己的節奏，並接受對方的步調，雙方關係維持平等就能持續來往。

3. 不受情緒影響，在心裡保留冷靜之處

容易設身處地為人著想的人很重感情，但是太過投入就會容易疲勞、產生不滿。用第三者的角度冷靜審視現狀，在彼此不勉強、不依賴，差不多就好的狀態下讓事情告一段落，就是保持良好關係的祕訣。

4. 能幫忙的時候幫忙，能享受的時候就盡情享受

建立在重要的事情上能互相幫助，一起相處時能好好享受的人際關係，而非泛泛之交，這種態度很重要。人際關係就是一面鏡子，朝著好的一面看，就會映照出好的一面，對方也可能從難相處的人變成好相處的人。

05 對付難相處的人，最好的方法就是「走為上策」

只要感到煩躁就立即離開現場吧

無論怎麼說，難相處的人還是存在。雖然很想繼續待在原地當作沒看到，或者適度應付一下對方，但也會有光靠理智無法處理的時候。

面對這種難相處的人，建議走為上策。我自己的規則是感到煩躁就離開現場。

情緒化地和對方僵持不下並沒有好處，一時氣憤說出刺傷對方的話，再也收不回來。有話想說的時候，保持理性以最好的說法表達，才是對自己最好的方式。

總之，在情緒最激動的幾分鐘最好離開現場，遵守規則去喝杯茶、和其他人聊天，就會連自己剛才的焦慮都忘得一乾二淨。這時候你就會覺得安心，「還好剛剛沒有情緒化說出不該說的話」。

我有個朋友，平常和難相處的上司待在一起時，根本「無路可逃」。所以她下班之後都會去打拳擊消除壓力，她說：「大喊這個王八蛋！然後把沙包當作上司的臉，猛打一陣之後就覺得清爽多了。即使有什麼不開心的事，隔天還是能笑著和上司說話，很不可思議吧。」對她而言，拳擊是她的避風港，藉由在私底下消除壓力，以維持表面的平靜。

另外，職場裡像綠洲一樣撫慰人心的人、願意傾聽自己抱怨的朋友、假日的社團活動，這些也都可以成為你的避風港。雖然逃避乍看之下很消極，但逃避的本質在於克服壓力。面對非常艱辛的狀況時，只要有個避風港就能減輕壓力，看見克服壓力的希望。

不只人際關係，暫時的逃避，在工作、育兒、照護等各種場合都很有效。反之，無處可逃的人在不順利的時候，就會感到絕望。如果是上班族，只要想到「真的不喜歡就辭職吧，要活下去有很多種方法」，如此一來，心情就會變得遊刃有餘。即使沒有實際使用，光是想到「我還有個避風港」就很有意義了。

透過短暫逃避，就能順利和難相處的人、難相處的事物往來。

06 摸清對方的「好惡」

避開對方討厭的事物，只給對方喜歡的東西

只要向對方釋出善意，關係都不至於太差，這就是所謂的人際關係。

對能量吸血鬼或難相處的人，稍微開朗地展現「我並不討厭你，應該是說我想和你好好相處」的態度，對方就不太會懷抱惡意傷害你。

表現善意的方法之一，就是摸清對方的好惡。比方說，如果有人記得你以前說過的話，還貼心準備食物來慰勞你，大多數的人都會露出笑容，例如：「你說過喜歡吃泡芙對吧。」不需要到準備泡芙這麼努力，用巧克力或者糖果之類的小點心展現善意，意外地也是很有效的賄賂方法。人類其實就是這麼單純的生物。

此外，只要了解對方喜歡的飲料、藝人、歌曲、作家、花朵等喜好，在對話時也會很有幫助。大家會知道親近的朋友、戀人、家人喜歡的事物，但意外地沒什麼人知道同事或普通

朋友的喜好，正因為如此，從對話中得知對方喜好並且記住，就會特別讓人感動。

就像瞭解喜好一樣，了解對方重視的事情也很重要。譬如重視名譽、追求合理性、在意他人眼光、重視外表等，掌握對方戴著什麼樣的「眼鏡」看世界，就能預測對方可能的言行，摩擦和壓力也會大幅減少。因為這樣你就能事先預防難相處的言行舉止，考量自己和對方來往時應該靠近或離遠一點。

反之，也必須牢牢記住對方討人厭的地方。譬如面對感覺不受尊重就會心情不好的吸血鬼，無論如何都要打聲招呼；面對壓力太大就會暴走的吸血鬼，中途就要伸出援手。了解對方討厭的事情和弱點，就能預防讓彼此都疲憊的狀況。

給予對方喜愛的事物，避開對方討厭的東西就是一種愛。所謂的愛對吸血鬼來說就像十字架一樣，畢竟對釋出善意的人很難抱有敵意。當然，也有本來就難相處的人，不過這就是對方的個性，像這種時候就放棄抵抗之心放輕鬆相處吧。

07 預防彼此變成「難相處的人」

和難相處的人接觸時的注意事項

輾轉經歷各種職場生態之後，我深深覺得能量吸血鬼似乎有透過空氣傳染的傾向。

難相處的人一旦開始焦躁、說些挖苦的話、開始變得自以為是、抱著負面情緒和壓力時，接觸他們的人也會精疲力盡，一不小心就遷怒或是對別人冷淡，連帶使整體人際關係都會變差。

這種情形稱為「二次精神壓力」，當症狀嚴重時，就會出現「光是那個人走進辦公室都讓人覺得氣氛沉重」的條件反射。為了不被吸血鬼傳染，你必須懂得拒絕接收對方的負面情緒，並且盡量避開對方。以下是和難相處的人接觸時的注意事項：

1. 不要過度透露真心話

避免透露太多自己的事情和真心話，否則對方會有很多事情可以糾纏，二次精神壓力就會更加嚴重。說別人壞話和抱怨都要適可而止，以免一起沉溺在負面氣氛之中。避免談論私生活，聊聊天氣和娛樂新聞等不痛不癢的事情來度過吧。

2. 不被對方影響

觀察對方的口頭禪和思考習慣，一旦發現對方是難相處的人，就要注意別被對方影響。難相處的人的發言，基本上大多毫無根據，不要受氣氛影響，在心中冷靜跳過會讓你感到壓力的部分，以保護自己的情緒。面對具攻擊性的對象時，「無論你怎麼說，我都覺得這樣很好」，像這樣自我肯定的堅決態度也很重要。只要擁有這種免疫力，無論對方多難相處都能平靜以對。

3. 先下手為強，自己要先採取行動

面對消極的對象，可以先下手為強，主動面帶笑容聊一些有趣的話題。面對囉嗦的人，一開始就告訴對方「我現在趕時間」來帶過；面對可能會攻擊自己失誤的人，可以事前向對方確認「這樣可以嗎」。

了解對方的個性，啟動想像力思考該如何發言，自然而然就會想到解決方法。自己的心理健康必須由自己守護。

08

只要做好「微笑」、「吐槽」、「裝傻」等表面的溝通即可

如何反擊讓人疲累的話題

跟難相處的人說話，如果認真附和「對啊……」，或者認真反駁「我覺得不是這樣……」，最後事情都會變得很複雜。因此，當你覺得「哇，累死了……」，就要貫徹表面的溝通。反擊讓人疲累的話題，主要有三種方法：

1. 笑著跳過

想不到什麼好方法反擊的話，尤其是對情緒化和自以為是的人，最好不要想太多，笑著回一些不痛不癢的話就好了。只要做出「這樣啊……」之類興趣缺缺的回應，話題就會自然結束，這時就是不著痕跡地結束或換話題的大好機會。

不過，如果對方是刻意傷害你，那你可以委婉地告訴他「這樣我會很受傷」，拒絕

對方的傷害。倘若對方還沒有要罷手的意思，板起臉講清楚也可以。

2. 吐槽

一方裝傻說出一些令人為難的話，另一方負責吐槽對方，這是一種搞笑的技巧。這種做法可以終結持續尷尬的氣氛，實際做起來並不難。比方說，面對一直說喪氣話的人說「你在說什麼啦」；面對說出性騷擾言論的人說「差不多了喔」、「您真愛說笑」；面對一直試探自己的人說「像〇〇先生的話呢」。

不過，光是吐槽的話可能會有點冷漠，所以訣竅在於笑著吐槽，並且搭配「說到這個，今天啊……」來轉移話題，這是一種委婉表示不想繼續聊的方式。

3. 裝傻

裝傻其實就是模糊焦點，也就是不把話說清楚，對難相處的長輩用吐槽法、晚輩用裝傻法。如果不想配合對方的話題，就笑笑地說「我不記得了」、「也有這種時候啊」，扮演裝傻的人。就好比藝人在接受採訪時面對不想回答的問題，都會笑著說「我也不知道耶」、「差不多就那樣囉」，只要保持禮貌，好感度就不會降低。

當你遇到難相處的人，或是令你感到疲累的話題，只要下定決心不全盤接受對方的話，心情就會馬上變得輕鬆起來。

09 藉由「改變觀點」換個話題

想把令人疲憊的氣氛轉換成愉快的氣氛時……

想消滅令人疲憊的氣氛、盡量維持快樂的氛圍時，最好的方法就是掌握話題的主導權。話雖如此，也不是要你聊一些以自己為中心的話題，而是一邊傾聽，一邊藉由改變觀點來轉換話題。

譬如發生某個問題時，一定會有人開始找戰犯，追究「為什麼會變成這樣」，甚至開始否定這個人的人格。如此一來事情不會有任何進展，只會原地踏步。

當周遭出現忿忿不平、不滿的氣氛時，請把話題引導至解決問題吧。

「那你覺得要怎麼做才會順利？」像這樣改變觀點，對話自然就會朝這個方向前進，只要把焦點放在本來應該重視的地方即可。

切換成正面積極的觀點，也能轉換令人疲憊的氣氛。譬如對經常抱怨「好累」、「只有我工作特別多」，可以說「那就表示〇〇先生備受信賴啊」、「那就表示你……（讚美）啊」，像這樣的句子對心情不好的人特別有效。

此外，還有一種人是無論對方有沒有興趣，都會自吹自擂。這種時候就可以從對方的話裡找出關鍵字，轉移話題的重點。譬如遇到「上週我和男朋友開車到湘南兜風」之類，拿男朋友出來自誇的人，可以回應：「湘南啊。我以前經常去，妳有去江之島嗎？」把關鍵字從男朋友轉到湘南，轉移焦點拓展話題。

難相處的人之中也會有為了刻意傷害人，而用嚴厲的語言攻擊的類型。面對這種人，請試著用同樣的話回敬對方。譬如因為缺乏背景知識，被職場的前輩批評「這種事情是常識吧」，此時不妨試著淡然地重複「這種事的確是常識呢」。自己說出口的話被別人拿來回敬自己，應該會感到畏懼，也會知道剛剛說得太過分了，這時候再請委婉地接著說：「我不懂，請您教我吧。」

用盡各種方法還是無法擺脫累人的氛圍時，用「〇〇先生覺得怎麼樣」，丟出求救信號也是一種方法。有時候其他人加入話題，也會讓氣氛變得和緩。然而，如果是嚴肅的事情，這種作法可能會被當作是打斷話題，所以請慎選使用的場合。

10

向對方提出意見時，必須做到「誠實面對自己」

真正成熟的大人會誠實說出自己的意見

我曾經在一場全是女性的會議上，認識一位德日混血兒K小姐。

她是非常誠實的人，會議上如果有什麼不能接受的地方，就會淡然地說：「我覺得應該……」，大方陳述自己的意見。即便她的意見和那些措辭嚴厲的人，或者會議的方向不同，她也會不帶感情地表達自己的意見。

我和她意氣相投，私底下也相處愉快，可能是因為她本身的態度讓我覺得很舒暢吧。不喜歡的事情會說出來，有問題的話就會傾聽他人的意見，一起尋求解決的方法。因為她很誠實，所以我也能安心和她來往。

我們往往會擔心「對方會不會不高興」、「自己會不會被討厭」，所以忍住不說自己想說的話。然而，這樣一來就無法知道彼此的想法，不了解會造成心裡的隔閡和不信任感。

K小姐曾說：「日本人認為不說出自己的意見，才是成為大人的表現對吧？不過，在德國無法表達自己意見是小孩，能確實說出自己意見的才是大人。」

確實如此。過去處於被組織守護的時代，或許有必要保持沉默當個跟隨者，但在現代社會則需要各自發表意見。因為我們需要保護自己，站在當事人的立場和周遭的人一起解決問題，建立彼此的信賴關係才能生存下去。

然而遇到難相處的人，表達意見時就容易退卻。雖然在私生活中可以保持距離，但對方如果是日常生活中必須時常接觸的同事或家人，不能說出想說的話就會累積壓力，等到要說出口時往往容易流於情緒化。

我也曾經被無法表達想說的話束縛，因此我認為不讓自己精疲力盡的基礎，就是別對自己說謊。如果想讓人際關係變得單純，就要誠實面對自己和對方，慢慢表達「我不想這樣做」、「我的想法是這樣」等心情。

即便對方不同意你的說法，至少也有助於彼此理解。如此一來，應該就能帶著溫暖的心，並肩思考「有沒有什麼對雙方都好的方法」。

光是保持誠實，就會比較容易接納對方的意見。當自己的心情獲得解脫，身邊就會聚集能夠互相信任的人。

11 「努力克服」難相處的人其實會令人成長

只要克服眼前的難關，就能得到智慧

我有一位七十幾歲的女性朋友，她是個性格自由奔放的人。她從年輕時就有強烈的自我主張，因為知道自己無法在組織內工作，所以一直以來都是自由工作者。然而，她的三個孩子都是殷實的上班族。她也一直覺得，她的孩子們長年在複雜的人際關係中工作還能挺過來，真是了不起。

某次她和女兒聊到這件事，女兒卻告訴她：「當然啊！因為長年和超級難相處的母親在一起，所以公司的人際關係根本就是小菜一碟。」

「原來如此，說得也是啊！」我朋友說她非常認同女兒的這句話。

難相處的人就在眼前，當你覺得應該要努力克服的時候，就會想盡辦法度過難關。思考和行動模式改變，無論如何一定會獲得成長，而且還會得到面對難相處的人的耐性和度過難關的智慧。每次撐過令人煩躁的場合，或是出現摩擦的狀況時，其實都會在無形之中提升你的自信。

我回顧生命中那些難相處的人，也發現自己從他們身上學到很多事情。本來覺得很難相處的人最後變得喜歡，和意見不合的人有衝突卻也完成工作，在孤立無援的狀態下仍然度過難關，這些事情都讓我深感所有的相遇皆有意義。另外，不以「難相處的人＝討厭」明確區隔人際關係，也讓我得到許多令人感激的好處。

再者，從自己「專注在什麼事情」的角度思考，同一個對象很可能難相處，也可能好相處，畢竟每個人身上都有難相處的元素。

倘若我們只知道自己的人生，就容易自以為是，容易步上對自己不利的道路。正因為有擁有不同人生、不同價值觀的人存在，才能看見更寬廣的世界，形塑自己的人生，知道自己該朝哪個方向前進。經歷一番疲勞，肯定會有收穫，只是過度疲勞的時候也需要稍微離開，為自己的心補充營養。

這個世界人口眾多，但一生中能遇到的人卻很有限。不要從喜不喜歡、可不可以容忍的觀點思考，而是抱著這個人可以告訴我某些道理的態度看待，心情就會有所轉變。

一個人如何形塑人生，端看他如何看待和每個人的相遇。

HEART
心|視野 心視野系列049

讓對方覺得超溫暖的相處練習

比起聊不停的社交高手，不如讓人相處自在更受人喜愛

一緒にいると楽しい人、疲れる人

作　　者 有川真由美
譯　　者 涂紋凰
總 編 輯 何玉美
主　　編 王郁渝
編　　輯 簡孟羽
封面設計 張天薪
內文排版 顏麟驊

出版發行 采實文化事業股份有限公司
行銷企劃 陳佩宜．黃于庭．馮羿勳．蔡雨庭
業務發行 張世明．林踏欣．王貞玉．林坤蓉
國際版權 王俐雯．林冠妤
印務採購 曾玉霞
會計行政 王雅蕙．李韶婉
法律顧問 第一國際法律事務所　余淑杏律師
電子信箱 acme@acmebook.com.tw
采實官網 www.acmebook.com.tw
采實臉書 www.facebook.com/acmebook01

I S B N 978-986-507-007-6
定　　價 320元
初版一刷 2019年6月
劃撥帳號 50148859
劃撥戶名 采實文化事業股份有限公司
104臺北市中山區南京東路二段95號9樓
電話：（02）2511-9798
傳真：（02）2571-3298

國家圖書館出版品預行編目資料

讓對方覺得超溫暖的相處練習：比起聊不停的社交高手，不如讓人相處自在更受人喜愛／有川真由美作. -- 初版. -- 臺北市：采實文化，2019.06
224面；14.8×21公分. --（心視野系列；49）

ISBN 978-986-507-007-6（平裝）

1. 人際關係

177.3　　108005338

采實出版集團
ACME PUBLISHING GROUP